Ostinstitut Wismar (Hg.)

Wirtschaftspolitische Gespräche des Ostinstituts Wismar 2012.
Deutschland, Russland und Europa – zwischen allen Stühlen?

Ostinstitut Wismar (Hg.)

Wirtschaftspolitische Gespräche des Ostinstituts Wismar 2012
Deutschland, Russland und Europa – zwischen allen Stühlen?

Schriftenreihe: Rechtspraxis im Ostseeraum, Band 6
herausgegeben vom Ostinstitut Wismar
www.ostinstitut.de

1. Auflage 2014 | ISBN: 978-3-86741-810-2
© EHV Academicpress GmbH Bremen, 2014.
Alle Rechte vorbehalten.

Ostinstitut Wismar

Wirtschaftspolitische Gespräche des Ostinstituts Wismar 2012
Rechtspraxis im Ostseeraum, Band 6

www.ehvacademic.com

Inhalt

I. Einleitung und Hintergründe 1

II. Die einführenden Vorträge 3

   1. Tagungseröffnung: Wolfgang Clement, Bundesminister und Ministerpräsident a.D. 3

   2. Einführungsvortrag: Friedhelm Ost, Regierungssprecher a.D., Staatssekretär a.D. 7

III. Die Diskussion 13

   1. Politik – Zwischen Autokratie, Energie und der Suche nach Konzepten 13

      1.1 Das russische politische System 13

      1.2 Sicherheitspolitik 20

      1.3 Die deutsche Russlandpolitik 24

      1.4 Russische Deutschland- und Europapolitik 29

      1.5 Energiearchitektur 32

      1.6 Medienbild 35

   2. Wirtschaft und Recht – Zwischen Dynamik und Langeweile 37

      2.1 Einführungsvortrag: Andreas Steininger, Hochschule Wismar 37

      2.2 Mittelstand oder Staatskorporativen 38

      2.3 Wandel des Wirtschaftsrechts und der Rechtssicherheit 51

      2.4 Energiekooperation und erneuerbare Energien 58

   3. Berater und Beratene – Zwischen Existenz- und Strategiesuche 67

      3.1 Einführungsvortrag Alexander Rahr, Wintershall 67

      3.2 Forschung und Ausbildung zu Osteuropa 70

      3.3 Beratungen auf staatlicher und auf Unternehmensebene 76

      3.4 Politikberatung 80

IV. Zusammenfassende Ergebnisse 90

Anhang I: Liste der Diskussionsteilnehmer 93

Anhang II: Fragenkatalog 95

I. Einleitung und Hintergründe

Auf Einladung des Ostinstitutes Wismar fanden am 29. Juni 2012 in Berlin in Anknüpfung an eine Veranstaltung im Vorjahr[1] die zweiten wirtschaftspolitischen Gespräche statt.

Zum Titel der Veranstaltung haben die Autoren die Frage ‚Deutschland, Russland und Europa – zwischen allen Stühlen?' gewählt. Sie bezieht sich auf die Unsicherheit, von der die deutsche Politik nach der Wahl Präsident Putins zu einer dritten Amtsperiode ergriffen scheint. Auf der einen Seite gibt es enge wirtschaftliche Verflechtungen, gemeinsame energiepolitische Interessen und das Ziel einer Modernisierungspartnerschaft. Auf der anderen Seite kommt eben jene Partnerschaft nicht recht vom Fleck, zwischen den Repräsentanten beider Länder meint man, eine Entfremdung feststellen zu können, und ganz generell traut jedenfalls die öffentliche und veröffentlichte Meinung dem neuen alten Präsidenten im Hinblick auf eine Demokratisierung der Gesellschaft weniger zu als seinem Vorgänger. Dies alles spielt sich ab vor dem Hintergrund einer schwerwiegenden Krise der Europäischen Union und grundlegenden Verschiebungen in den globalen Kräfteverhältnissen.

Das Ostinstitut Wismar hat dies zum Anlass genommen, interessierte Vertreter der Bereiche Medien, Politik, Recht, Wirtschaft und Wissenschaft in die Deutsche Gesellschaft für Auswärtige Politik in Berlin einzuladen, um gemeinsam den Stand und die Perspektiven der Beziehungen Deutschlands und der Europäischen Union zu Russland zu diskutieren.

Um der Veranstaltung eine Struktur zu geben, wurde die Diskussion entsprechend den übergeordneten Themen Politik, Recht und Wirtschaft sowie Berater und Beratene in drei Abschnitte unterteilt und zu jedem dieser Abschnitte im Vorfeld eine Fragenliste verschickt, mittels der die relevanten Themenstellungen ohne Anspruch auf Vollständigkeit hervorgehoben werden sollten. Der Fragenkatalog ist im Anhang abgedruckt.

Eröffnet wurde die Veranstaltung durch einführende Worte von Wolfgang Clement, Bundesminister und Ministerpräsident a.D., und Friedhelm Ost, Staatssekretär a.D. Die den einzelnen Abschnitten zugeordneten Experten-Panels wurden moderiert von Friedhelm Ost, Prof. Andreas Steininger und Alexander Rahr.

---

[1] Ostinstitut Wismar (Hg.) Wirtschaftspolitische Gespräche des Ostinstituts Wismar – Im russischen Spannungsbogen: Deutsche Wirtschaft und Politik zwischen Werten und Partnerschaft, 2012.

Der vorliegende Tagungsband gibt die Beiträge weitgehend wörtlich, nur um weiterführende Hinweise ergänzt wieder. Die wichtigsten Thesen sind am Ende noch einmal zusammenfasst, ohne dass es sich dabei um Beschlüsse in einem formalen Sinne handelt. Ziel dieses Buches ist es vielmehr, Interessierten ein Stimmungsbild zu bieten in Form subjektiver Beurteilungen der Situation durch diejenigen, die den abstrakten Gedanken einer Beziehung zwischen Staaten in ihrer täglichen Arbeit mit Leben erfüllen. Hierbei gilt, dass die im folgenden Text geäußerten persönlichen Meinungen nicht in jedem Fall mit der Ansicht der Herausgeber übereinstimmen müssen.

Ihnen sei an dieser Stelle noch einmal für ihre Teilnahme und ihr Engagement gedankt ebenso wie der Deutschen Gesellschaft für Auswärtige Politik für die großzügige Bereitstellung der Räumlichkeiten.

II. Die einführenden Vorträge

1. Tagungseröffnung: Wolfgang Clement, Bundesminister und Ministerpräsident a.D.

Meine sehr geehrten Damen und Herren,

das ist das zweite wirtschaftspolitische Gespräch, das unser Institut innerhalb relativ kurzer Zeit den deutsch-russischen bzw. europäisch-russischen Beziehungen widmet. Wir wollen uns in dieser Veranstaltung der Frage zuwenden, ob wir uns in den Beziehungen zwischen Russland, Deutschland und Europa mittlerweile zwischen allen Stühlen befinden. Wir wollen damit gewissermaßen warnend, mahnend oder appellierend eine Sorge zum Ausdruck bringen und diese Sorge ist, dass unser Verhältnis zu Russland, auch in der gegenwärtig außerordentlich schwierigen wirtschaftlichen, finanzwirtschaftlichen und auch politischen Lage der Europäischen Union, nicht Schaden nehmen und nicht aus dem Blick geraten sollte. Es gibt, jedenfalls meines Erachtens, einen dringenden Gesprächsbedarf, auch wenn oder gerade weil die Europäische Union bzw. die europäische Währungsunion so sehr mit sich beschäftigt ist. Andernfalls verlieren wir den Blick auf Russland und verspielen Chancen und Möglichkeiten, die im worst case von anderen genutzt würden und zwar nicht zu unserem beiderseitigen Vorteil.

Um es noch etwas deutlicher zu sagen: Im Verhältnis zwischen der Europäischen Union und Russland, so ist ja auch kürzlich in St. Petersburg deutlich geworden, läuft zurzeit wenig rund. Das Verhältnis ist aus meiner persönlichen Sicht unbefriedigend. Es bewegt sich, außer in den wirtschaftlichen Beziehungen, wenig voran und die politischen Beziehungen scheinen zu stagnieren. Der Grund dafür liegt pauschal gesprochen in Meinungsunterschieden über den Kern der Beziehungen. Es konzentriert sich dann von westlicher Seite auf die Frage der Werte und eine interessenorientierte Außenpolitik und von russischer Seite auf eine vornehmlich an nationalen Interessen ausgerichtete Perspektive.

Da es oft genug beschrieben wurde, will ich es jetzt im Einzelnen nicht wiederholen. Aber meines Erachtens sollte es jedenfalls mit der Festlegung, dass Themen wie Demokratie, Rechtsstaatlichkeit und Menschenrechte aus der Sicht der Europäischen Union entscheidend für die Ausgestaltung einer Partnerschaft sind, nicht sein Bewenden haben. Die Aufgabe ist vielmehr, die gegebenen Möglichkeiten zwischen unseren Ländern, ich sage einmal trotz und alledem, im beiderseitigen Interesse so zu nutzen, dass sie vor jenen Werten auch Bestand haben können. Das heißt, dass den Beziehungen zwischen beiden Seiten eine Chance, eine neue Chance gegeben wird.

Natürlich ist dabei aus unserer Perspektive der befremdliche Umgang der obersten Repräsentanten mit den Staatsämtern Russlands ein Problem. Aber das sollte unseren Blick auf das außerordentliche Maß an Veränderungen dieses großen Landes in den zurückliegenden zwei Jahrzehnten nicht verstellen. Diese Veränderungen spiegeln sich, wenn man genauer hinsieht, letztlich in den Diskussionen, in den Demonstrationen in Russland wieder, die in jüngster Zeit unsere Aufmerksamkeit geweckt haben. Deswegen würde ich sagen: Ob ein russischer Präsident will oder nicht, es weht ganz offensichtlich ein anderer Wind in Russland, ein Wind der Selbstbewusstsein vermittelt und den Wunsch nach Öffnung. Und das geschieht ganz ohne unser Zutun.

An der deutsch-russischen Erfahrung im Zuge der Überwindung des kalten Krieges habe ich einige Zeit teilhaben können und deshalb glaube ich sagen zu dürfen, dass es gelegentlich Sinn macht, an diese Erfahrung zu erinnern. Dazu gehört, dass ein wechselseitiges Beharren auf starren Positionen nicht sehr hilfreich ist; übrigens auch nicht im Interesse derer, die auf weitere Veränderungen hier oder dort bei unserem großen Nachbarn hoffen. Es hat sich stattdessen stets als vorteilhaft erwiesen, im eigenen Standpunkt klar zu bleiben, aber gegebene Chancen nicht stur zu missachten. Und solche Chancen bieten derzeit aus meiner Sicht beispielsweise der WTO Beitritt Russlands, der jetzt nur noch der Ratifizierung durch die Duma bedarf,[2] und der geplante Beitritt zur OECD. Ich denke, vor Jahr und Tag wäre es noch unmöglich erschienen, dass Russland vielleicht das 35. oder 36. Mitgliedsland der Organisation für wirtschaftliche Zusammenarbeit und Entwicklung werden könnte. Doch vor gut einem Jahr ist Russland, für die deutsche Seite fast unbemerkt, in Moskau der Konvention der OECD zur Korruptionsbekämpfung beigetreten[3] und hat ein Gesetz verabschiedet, das Bestechung und Bestechlichkeit unter Strafe stellt.[4] Bei Fortschritten in diesem und in anderen Bereichen, etwa der Unabhängigkeit der Justiz, Freihandel oder Wettbewerbsrecht, die freilich nicht nur auf dem Papier stehen dürfen, sondern faktisch erkennbar werden müssen, könnte ein Beitritt Russlands zur OECD vielleicht schon in überschaubarere Zeit möglich werden. Es war jedenfalls der

---

[2] Die Russische Föderation ist mit Wirkung vom 22.8.2012 Mitglied der Welthandelsorganisation geworden. Dazu auch Stopper Russlands WTO-Beitritt – Hintergründe, Ergebnisse und Perspektiven, DRJV-Mitteilungen 54/2012, S. 23-31.
[3] OECD Anti-Bribery Convention, in der RF in Kraft seit dem 17.4.2012.
[4] Gesetz Nr. 97-FZ vom 4.5.2011 zur Änderung des Strafgesetzbuches und des Gesetzbuches über die Verwaltungsstraftaten (Ordnungswidrigkeiten) in Verbindung mit der Vervollkommnung der staatlichen Verwaltung auf dem Gebiet der Korruptionsbekämpfung.

damalige russische Ministerpräsident Vladimir Putin, aus dessen Feder ein Beitrag stammt, den ich im Januar dieses Jahres im deutschen Handelsblatt gelesen habe.[5] Er schrieb, dass Russland, und jetzt zitiere ich, „immer noch unter systematischer Korruption leide", und dass „alle Überbleibsel des sowjetischen Rechtssystems entfernt" werden müssten, dass „der Anteil des Staates an der russischen Wirtschaft und das Maß an staatlicher Regulierung immer noch zu groß" seien und dass es deswegen Pläne unter anderem zur Privatisierung von Unternehmen als ein strukturelles und keineswegs rein fiskalisches Anliegen gebe und dass sein Land, so immer noch Putin, „protektionistische Maßnahmen vermeiden" müsse. Ausdruck dieser neuen Politik, so sagte Putin noch vor wenigen Monaten, sei der Beitritt seines Landes zur Welthandelsorganisation, der ja weitgehend beschlossen scheint.

Es spricht deshalb aus meiner Sicht viel dafür, die Probe aufs Exempel zu wagen und sich ernsthaft daran zu machen, den Prozess der wirtschaftlichen Integration voranzutreiben. Das heißt, Putins Vorschlag eines gemeinsamen Wirtschaftsraumes von Vladivostok bis Lissabon in konkreten Schritten aufzunehmen. Wobei sich dann auch vermutlich herausstellen würde, wie weit es her ist mit der Zukunftsfähigkeit der vom heutigen russischen Präsidenten gepflegten Eurasischen Union. Auch der wiederholt geäußerte russische Wunsch nach engeren Absprachen mit der Europäischen Union in der Energiepolitik sollte aufgenommen werden. Denn es gibt auf diesem Feld, ungeachtet einer sehr unterschiedlichen Herangehensweise, auf der einen wie auf der anderen Seite genügend Potenzial für eine intensivere Kooperation. Das russische Interesse am deutschen und europäischen Energiemarkt liegt auf der Hand. Aber auch wir müssen namentlich im Zeichen der von der Bundesregierung beschlossenen und eingeleiteten Energiewende, an der ja vielleicht auch noch einige Veränderungen vorgenommen werden, ein großes Interesse an einer Umorientierung und Umstrukturierung der russlandinternen Energiepolitik haben. Und wir sollten unsere Erfahrungen auf diesem Gebiet verstärkt ins Feld führen.

Vielleicht sollte ich in diesem Zusammenhang auch noch auf ein Thema verweisen, zu dem kürzlich jemand sagte: Nordamerika sei auf dem besten Wege, zum new Middle East zu werden. Und dieser jemand verwies dazu darauf, dass die USA zum ersten Mal seit 1949 ein erdölexportierendes Land geworden seien, dass sie Russland als bedeutendsten Exporteur von raffiniertem Erdöl überholt hätten und dass Nordamerika, das sei entscheidend, innerhalb kürzester Zeit zu einer der am schnellsten wachsenden erdöl- und erdgas-produzierenden Weltgegenden geworden sei. Die Ölsände in Kana-

---

[5] Gastkommentar ‚Wettbewerb statt Korruption', Handelsblatt v. 31.1.2012.

da, das Offshoreöl aus den amerikanischen und mexikanischen Gefilden, Biofuels und ein in Gang kommender Shale Gas Boom seien die Träger dieser Entwicklung; von der ich natürlich ahne, dass mancher sie als durchaus problematisch ansieht. Aber diese Entwicklung sollte dennoch nicht außer Betracht bleiben, weil sie, auch wenn sie nicht ganz so voluminös ausfallen sollte, wie es zur Zeit insbesondere in Amerika eingeschätzt wird, erhebliche ökonomische und auch über Nordamerika hinausreichende Wirkungen haben wird. Und diese Wirkungen könnten sich bis in den Mittleren Osten und auch auf Russland erstrecken.

Last but not least ein inhaltlicher Hinweis, der eine nicht zu unterschätzende Bedeutung für die Entwicklung der Beziehungen hat: die von Moskau immer wieder ins Gespräch gebrachte Liberalisierung des Visaregimes. Ich habe arge Zweifel, sage ich an unsere eigene deutsche Adresse, ob es sinnvoll ist, aus diesem Thema eine Art Handelsobjekt zu machen. Es ist aus russischer Sicht, und das gilt nicht nur für die russische politische Sicht, sondern auch für die Sicht russischer Unternehmer, die hier in Deutschland oder in Europa tätig werden wollen, eine Frage des wechselseitigen Vertrauens. Natürlich sind Grenzöffnungen nie völlig risikofrei, das wissen wir. Aber sie haben die große Chance grenzüberschreitender Veränder-ungen, das erleben wir innerhalb der Europäischen Union. Ich meine, diese Möglichkeit sollten wir auch zwischen Russland, der Europäischen Union und uns wahrnehmen.

Das sind meine persönlichen Bemerkungen, die vielleicht einige der Themen antippen, die wir heute mit Ihnen diskutieren wollen. Dazu begrüße ich Sie recht herzlich und freue mich, dass Sie in so großer Zahl der Einladung des Instituts gefolgt sind. Die weitere Diskussion werden jetzt die Herren leiten, mit denen ich hier am Podium vereint bin, mein Freund Friedhelm Ost, Staatssekretär a.D., der Leiter des Berthold-Beitz-Zentrums in der Deutschen Gesellschaft für Auswärtige Politik, Herr Rahr, den ich herzlich begrüße und dem ich dankbar bin, dass Sie uns immer wieder in dieses sehr schöne Haus geleiten, und Herr Prof. Steininger, der die Arbeit macht, die das Institut zum Leben gebracht hat und die dieses Institut weiterhin stärkt.

Ich bitte jetzt Friedhelm Ost, das erste Panel zu übernehmen, welches sich mit der Frage nach der Politik zwischen Autokratie, Energie und der Suche nach Konzepten beschäftigen wird.

2. Einführungsvortrag: Friedhelm Ost, Regierungssprecher a.D., Staatssekretär a.D.

Meine sehr geehrten Damen und Herren,

ich habe gerne hier die Moderatorenrolle übernommen. Ich habe das lange geübt, 15 Jahre beim Zweiten Deutschen Fernsehen. Und Wolfgang Clement hat schon gesagt, wenn Sie Regierungssprecher sind, müssen sie sehr viel moderieren Richtung Regierung, Richtung Medien. Und natürlich war ich lange Vorsitzender des Wirtschaftsausschusses, da muss man nach innen moderieren, aber auch nach außen. Wir haben uns damals schon sehr intensiv mit der Sowjetunion und dann auch mit Russland beschäftigt und ich denke, gerade nach der Einführung meines Freundes Wolfgang Clement ist eigentlich jedem klar, dass Russland für die deutsche Politik eine große Rolle spielt. Ich würde mir wünschen, dass das auch nach außen in den Medien bei uns sehr viel deutlicher dargestellt wird und dass viel mehr Politiker aller Parteien im Bundestag oder auch im Europaparlament sich sehr viel ernsthafter mit Russland auseinandersetzen. Vorhin ist schon gesagt worden, dass uns die Menschenrechte als Thema seit langem beschäftigen. Darüber wollen wir später sprechen. Ob Deutschland bei dieser Diskussion immer eine glückliche Rolle spielt, mag man kritisch hinterfragen. Zum Antrittsbesuch von Vladimir Putin als wieder und neu gewählter Präsident hier in Berlin schrieb etwa die Frankfurter Allgemeine Zeitung in einem Artikel unter der bezeichnenden Überschrift „Wiedersehen zweier Fremder", dass Putins Antrittsbesuch bei Angela Merkel in einer Zeit belasteter Beziehungen stattfinde.[6] Besuche in Moskau, so habe ich mir erzählen lassen, sind immer etwas belastet durch die Vorliebe von Präsident Putin für seinen Hund, der dabei ist. Angela Merkel ist wohl irgendwann in ihrem Leben mal gebissen worden und hat es nicht so gerne, wenn der Hund mit im Raum sitzt. Es ist nicht zu übersehen, dass die deutsche Bundeskanzlerin, im Gegensatz zu ihrem Vorgänger Gerhard Schröder, den russischen Präsidenten nicht als „lupenreinen Demokraten" schätzt. Hinzu kommen andere Störfaktoren wie zum Beispiel der Streit über das Raketenabwehrsystem, den Syrienkonflikt, das Verhältnis Putins auch zu Weißrussland oder das Fernbleiben von Putin beim jüngsten G8 Gipfel. Da gibt es Irritationen, aber wir sollten, auch wenn die Medien und die Politik zu Übertreibungen neigen, aufgrund solcher Schatten nicht in eine totale Schwarzmalerei verfallen. In einem ersten Telefonat, das Angela Merkel mit dem russischen Präsidenten geführt hat, hat sie selbst gesagt, dass man die guten Beziehungen zwischen beiden Ländern im Sinne einer Strategischen Partnerschaft fortentwickeln will. Ich glaube, das ist die richtige Ziel-

---

[6] Sattar ‚Wiedersehen zweier Fremder', FAZ. vom 31.5.2012

richtung, und Wolfgang Clement hat das schon angedeutet, dass wir hierbei aufeinander angewiesen sind, Deutschland und Russland. Die Beziehungen zwischen Deutschland und Russland haben sich nicht schlecht entwickelt, sondern positiv. Wir haben eine positive Entwicklung der deutsch-russischen Wirtschaftsbeziehungen. Wer sich die Struktur genau anschaut, wird feststellen, die Volumina, die Werte, das ist alles sehr energie- und rohstoffgeprägt. Als der erste Vertrag zwischen der damaligen Sowjetunion und der Bundesrepublik abgeschlossenen wurde, war das ein Tauschgeschäft. Röhren gegen russisches Gas und das russische Gas übernahm die Funktion einer Absicherung gegenüber dem Nahen Osten damals. Es wurde damals beschlossen, dass nie mehr als 10 % des Gases aus der Sowjetunion kommen sollte; allerdings sind wir jetzt bei einem Anteil von 42 % angekommen und das gilt nicht nur für Deutschland, sondern auch für die Europäische Union insgesamt. Und nicht nur Gas, sondern auch rund 40 % des Öls kommen aus Russland. Das zeigt natürlich, dass wir schon eine gewisse Abhängigkeit haben und viele Leute, die auch immer noch in der Gedankenwelt des Kalten Krieges leben, sagen, Russland und auch Putin seien nicht 100% zuverlässig. Dann frage ich, wann ist jemals ein Liter Öl, wann ist ein Kubikmeter Gas, dessen Lieferung vertraglich vereinbart war, bei uns nicht angekommen? Ich glaube schon, dass Russland ein sehr zuverlässiger Partner ist, ein zuverlässiger Lieferant. Umgekehrt haben unsere Exporte nach Russland zwar zugelegt, bewegen sich aber, wenn man die Außenhandelsbilanz und die Struktur des Außenhandels betrachtet, eigentlich auf außerordentlich niedrigem Niveau – vom Volumen her fast wie mit einem gehobenen Entwicklungsland. Da eröffnen sich riesige Chancen. In erster Linie natürlich bei den Exporten, aber das gilt gleichermaßen auch für die Direktinvestitionen. Obwohl wir alle, der Bundeswirtschaftsminister, der Vorsitzende des Wirtschaftsausschusses, der Kanzleramtsminister der früheren Regierung immer wieder versucht haben, Unternehmen mit Direktinvestitionen in Richtung Russland zu bewegen, das Niveau ist nach wie vor relativ gering.

Wenn man russische Freunde in diesen Tagen befragt, wie siehst du denn die Entwicklung, so hört man, die russische Volkswirtschaft habe sich in den letzten 2 Jahren relativ gut entwickelt. Sie ist gewachsen, im Moment hat sie ein bisschen nachgelassen gegenüber dem Vorjahr, aber sie läuft. Prognosen sind schwierig. Die einen sagen, nächstes Jahr bekommen wir noch ein stärkeres Wachstum, manche sagen aber auch schon voraus – 3%;[7] deswegen wäre ich da vorsichtig. Die Inflationsrate ist etwas gedämpft, aber nach wie

---

[7] Vgl. Deuber/Schwabe (Wien) Kurz- und mittelfristige Wirtschaftsperspektiven in Russland, Russland-Analysen v. 24.2.2012; http://www.laender-analysen.de/russland/pdf/Russlandanalysen234.pdf

vor für deutsche Verhältnisse zu hoch. Viele weisen darauf hin, dass Putin im Wahlkampf viele soziale Leistungen in Aussicht gestellt habe, die er umsetzen müsse. Aber so werden ja auch bei uns Wahlkämpfe geführt. Präsident Putin hat, glaube ich, gerade vor einer Woche bei dem Economic Forum in St. Petersburg für mehr ausländische Investitionen sehr intensiv geworben.[8] Und er hat dann wörtlich gesagt, sein Ziel sei, bestmögliche Rahmenbedingungen für Investitionen in Russland zu schaffen. Weiter hat er dann beteuert, dass vor allem die bürokratische Intransparenz im Staatswesen abgeschafft werden und, so wörtlich, die Korruption als größte Gefahr für die Entwicklung des stark vom Energieexport abhängigen Landes abgebaut werden soll. Alle werden mir sofort entgegenhalten, wir haben das oft schon gehört, auch dass Staatskapitalismus nicht das Ziel von Putin sei, sondern er einen Privatisierungsplan umsetzen will. Aber jeder, der sich in Russland bewegt und Diskussionen führt an Universitäten oder wo auch immer, wird feststellen, dass man allseits mehr Effizienz will, auch mehr Marktwirtschaft. Bei der Privatisierung hört man aber auch aus Kreisen, die sonst mehr für Demokratie und Privatwirtschaft sind, das Staatseigentum zu privatisieren, da habe man vor dem Hintergrund der Erfahrungen noch nach wie vor große Vorbehalte. Es gibt viele renommierte Leute, die einem sagen, das müsse man in Ruhe überlegen. Es gibt ja auch bei uns noch Rückzugsgefechte und manche hätten auch gerne noch die alte Post und andere Dinge, die wir privatisiert haben. Dasselbe gilt natürlich, Wolfgang Clement hat es angedeutet, für den Beitritt Russlands zur WTO. Wir bejubeln das, aber in der Duma gibt es zurzeit eine heiße Diskussion, ob das denn gut ist. Ich glaube, dass dort in den nächsten Tagen abgestimmt werden soll, weil natürlich durch den WTO Beitritt frischer Wind reinkommt, mehr Wettbewerb, mehr internationale Rücksichtnahme und Anerkennung. Dasselbe gilt für den Beitritt zur OECD. Ich finde das sensationell, vor einem Jahrzehnt haben wir nicht einmal davon geträumt. Deswegen sollte man hier auch weiter helfen. Insgesamt steht Präsident Putin, um den politischen Bereich zu skizzieren, vor großen Herausforderungen. Es geht vor allem darum, die bislang insbesondere vom Konsum und Energieexport getriebene Wirtschaft seines Landes zu reformieren, umzustrukturieren und zwar prioritär mit Anreizen zu mehr privaten Investitionen. Konkrete Schritte dazu hat er auch schon angekündigt, ein neues Kartellrecht, Privatisierung von Staatsunternehmen, Einsetzung eines Ombudsmannes zur Verteidigung der privaten Unternehmen. Und er hat einen Ombudsmann bereits eingesetzt, nämlich Boris Titov, der bisherige Präsident des Unternehmensverbandes. Das ist ein in weiten Kreisen Russlands renommierter Mann und niemand sollte ihn als Marionette

---

[8] N.N. Putin verspricht abermals Wirtschaftsreform, FAZ v. 22.6.2012

Putins abtun. Ich glaube schon, dass es wichtig ist, einen solchen Ombudsmann zu haben, der für ausländische Firmen die Anlaufstelle ist und sehr positiv wirken kann gegen willkürlich agierende Beamte, die landesweit gefürchteten Enteignungen durch sogenannte Raider Attacken, gegen Korruption und Rechtsunsicherheit.

Manche sagen, so wie es in der Bibel steht, nicht an ihren Worten, sondern an ihren Früchten möget ihr sie erkennen. Und natürlich, die Worte Putins hören wir alle wohl, wir wollen Taten in der Praxis sehen. Das ist natürlich auch bei uns, in westlichen Demokratien so. Auch in lupenreinen Demokratien ist es oft schwer, Ziele anzukündigen und in der nächsten Woche umzusetzen. Man braucht heute nur die Abstimmung im Bundestag zu sehen über die Pflegeversicherung bis hin zum ESM, European Stability Mechanism, da sehen Sie, wie schwierig es ist, immer die richtigen Mehrheiten dafür zu gewinnen. Aber ich glaube, es ist richtig, man sollte Putin einen gewissen Vorschuss an Kredit einräumen. Es ist nämlich für ihn wichtig, die angekündigten Ziele zu verfolgen und auch Erfolge in relativ kurzer Zeit aufzuweisen. Wir müssen von deutscher Seite hier nicht nur die Hand reichen, sondern aktiv mithelfen, auch im eigenen Interesse. Wir haben die Chance in einer Partnerschaft, in der Zusammenarbeit mit Russland wirklich große Vorteile für uns herauszuholen, aber auch für Europa insgesamt und auch für die europäisch-russischen Beziehungen. In der Sprache der Betriebswirtschaft eine echte Win-Win Situation. Die Europäische Union insgesamt ist natürlich mit sich selbst sehr beschäftigt, mit der Bankenkrise, mit der Krise der Staatsschulden und natürlich mit den politischen Verhältnissen in den Ländern. Innerhalb von zwei Jahren haben Sie, glaube ich, 16 neue Regierungen oder Koalitionen in 16 verschiedenen Ländern, was belegt, wie bewegt die politische Situation hier in West- und Mitteleuropa ist. Russland beobachtet die Entwicklung mit großer Aufmerksamkeit. Ich finde es bemerkenswert, dass Russland 40 % seiner Devisenreserven nach wie vor in Euro angelegt hat. Man mag sagen, es fehle an Alternativen zum Dollar. Der ist nicht ganz so gut gestellt, der Yen auch nicht und das britische Pfund will auch keiner so gern haben. Aber die Verantwortlichen in Russland haben hier Kurs gehalten und haben gesagt, wir wollen auch gerade auf dem Gebiet der Währungspolitik partnerschaftlich mit der Europäischen Union, mit dem Euroraum zusammenarbeiten. Es sind noch viele Probleme zu lösen, viele Hürden abzubauen, viele Vorurteile zu revidieren. Wir alle kennen den berühmten Nobelpreisträger Albert Einstein, der hat gesagt: Es ist einfacher ein Atom zu zertrümmern als ein Vorurteil. Manchmal habe ich auch das Gefühl, auch hier bei uns in der Politik und in der Wirtschaft haben einige völlig falsche Vorstellungen. Da spielen Sie mit Ihrem Ostinstitut Wismar eine große Rolle bei der Aufklärung von mittleren Unternehmen.

Meines Erachtens halten die westlichen Medien die Kamera immer sehr auf besondere Ereignisse und natürlich ist in Moskau ein Demonstrationszug ein besonderes Ereignis. Man hat, wenn man das heute-journal oder die Tagesschau sieht, den Eindruck, ganz Russland sei auf der Straße. Aber es waren nicht einmal ein paar Promille der Leute, die dabei waren, und auch nur in Moskau. Da hat fast gar nichts stattgefunden. Aber alle Leute haben das Gefühl, das ist die Revolution, jetzt ist die nächste Revolution im Gange. Das alles schafft aber kein positives und auch kein schmeichelhaftes Image von Russland in den Köpfen und Herzen, in der Vorstellung der Deutschen. Stellen Sie sich also die alten Fragen, die sich schon der alte Immanuel Kant gestellt hat. Was müssen wir fürchten, was dürfen wir hoffen und was sollen wir tun? Heute soll in drei Runden das alles hier diskutiert und Fragen gestellt werden, es sollen aber auch Antworten gegeben werden, die dann zu einer wirklich realistischen Einschätzung führen.

Der erste Abschnitt beschäftigt sich mit der Politik, der zweite mit Wirtschaft und Recht und der dritte mit Beratern. Und für jeden Abschnitt haben Sie 90 Minuten hier vorgesehen, Hr. Prof. Steininger. Alle Fragen können gestellt werden und im Fernsehen habe ich immer gelernt, es gibt überhaupt keine dummen Fragen, nur dumme Antworten. Sie sollen auch alle vernünftig beantwortet werden, das ist der Sinn dieses Podiums. Russland, Deutschland, Europa, die Spannbreite dieses Themas ist enorm weit. Fast hat man das Gefühl, dass es sich um eine Bewegung in einem quasi magischen Viereck handelt, deren vier Ecken definiert sind durch das Denkbare, Wünschbare, Machbare und Brauchbare. Denkbar ist in unserer Welt, der Welt ohne Grenzen, alles, wünschbar vieles, machbar einiges, brauchbar, das wissen Sie auch, indessen nur sehr wenig. Und um wirklich eine gute Zukunftsoffensive für das Miteinander Russlands, Deutschlands und Europas zu starten, muss eben deshalb gedacht werden, was gewünscht und gemacht, was allseits gebraucht wird. Und die Strategie dazu könnte, ja sollte hier und heute gefunden werden, nämlich wer weiter zaudert und zögert und abwartet, ja der hat es dann so mit dem Warten auf Godot zu tun. Und das haben wir ja gesehen, auch bei der Europameisterschaft, Fußballspiele werden in der Offensive gewonnen und in der Defensive verloren. Ich denke, wir alle sind aufgerufen, es hier sozusagen auf einem anderen Feld, nicht auf dem grünen Rasen, es anders zu machen und in die Offensive zu gehen. Prof. Steininger hatte mich angerufen und gesagt bei den Fußballspielen gibt es Spielregeln, für unsere Geschichte hier müssen wir auch Spielregeln haben. Also die wichtigsten Themen haben Sie in Form eines Fragenkatalogs niedergelegt, ich denke, das ist ein Leitfaden. Sie selber sind so fantasievoll, ideenreich, dass Sie sicherlich das eine oder andere noch ergänzen werden und auch noch andere Fragen haben. Dann sage ich das mal so wie ich es beim ZDF gelernt habe: Es kann über alles gesprochen werden, nur nicht über 2 Minuten, mittlerweile sogar 1:30. Also jetzt 2–3 Minuten, wir sollten anfangen.

III. Die Diskussion

1. Politik – Zwischen Autokratie, Energie und der Suche nach Konzepten

1.1 Das russische politische System

Bedeutet Putins Wahl Stabilität oder Stagnation? Wie wird sich dies wirtschaftlich auswirken?

Ulf Schneider, Russia Consulting:

‚Suche nach Konzepten', ich muss gestehen, so etwas fehlte mir ein bisschen in Ihren Ausführungen. Ich möchte mal eine Idee einwerfen. **Modernisierungsoffensive** ist etwas, was Präsident Medvedev in seinen 4 Jahren versucht hat, zu verankern. Viele sagen, es sei eine verlorene Präsidentschaft gewesen. Das sehe ich anders. Ich glaube, es hat sich gerade in der russischen Mittelschicht, ich möchte nicht von einem Mittelstand sprechen, einiges in den Köpfen getan und ich denke, das hat man dem Präsidenten zu verdanken. Ich befürchte ein bisschen, dass jetzt wieder der Blickwinkel verloren geht, die Frage der Modernisierungsoffensive. Und ich glaube, wir als deutsche Wirtschaft sind hier mit aufgerufen, etwas Initiative zu ergreifen. Da möchte ich auf das zurückkommen, Hr. Clement, was Sie vorhin sagten, die **Freihandelszone** von Lissabon bis Vladivostok. Ich habe nicht von der Politik erwartet, dass von deutscher Seite eine große positive Reaktion kommt. Aber ich finde eigentlich schon, dass die deutsche Wirtschaft, dass wir hier aufgerufen sind, die Initiative von Präsident Putin, er hat es ja als Ministerpräsident geäußert, mit aufzugreifen. Ich wundere mich ein bisschen, warum das in der deutschen Wirtschaft nicht wirklich ein Thema ist. Meiner Meinung nach könnte man eine Win-Win Situation herbeiführen, sowohl für die Modernisierung in Russland, als auch für die stark exportgetriebene deutsche und europäische Wirtschaft. Hier würde ich mir wünschen, dass wir als deutsche Wirtschaft stärker diese Ideen mit unterstützen.

Dimitri Vaisband, Bundesverband der deutsch-russischen Unternehmen:

Es ist offensichtlich, dass wir bei der Zusammenarbeit im wirtschaftlichen Bereich mit einem gewissen Misstrauen auf der Seite von deutschen Unternehmen zu tun haben, auch auf der Seite von russischen Unternehmen. Man hat Kontakte auf der Ebene der Einzelunternehmen. Die führen dazu, dass viel zu selten Projekte zustande kommen, in denen Unternehmen etwas zusammen tun. Unser Vorschlag wäre, dass deutsche und russische Unternehmen **Kooperationen** bilden entlang von Wertschöpfungsketten. Also einerseits haben wir in Deutschland Diskussionen über mangelhafte Ressourcen, andererseits werden die in Russland nicht immer vernünftig abgebaut. Und alle reden schon seit Jahrzehnten darüber, dass gewisse Technologien, die in Deutschland schon verwendet werden, in Russland genutzt werden könnten. Aber ein solches Kooperationsniveau, bei dem deutsche und russische Unternehmer gemeinsam agieren, nicht um etwas zu verkaufen, sondern um gemeinsam mehr Effizienz bei der Gewinnung von Rohstoffen zu schaffen, das wäre sehr wichtig. Und diese Kooperationen sind nicht nur deswegen wichtig, weil mehr Rohstoffe nach Deutschland kommen, sondern in Verbindung mit solchen Projekten werden **Erfahrungen bei der Zusammenarbeit** gesammelt. Ich glaube, dass sehr viele deutsche mittelständische Unternehmen immer noch kein klares Bild davon haben, was das für Leute sind, Unternehmer in Russland. Also ich würde nicht behaupten, dass es schlecht ist; es gibt gar keins, das Russlandbild wird nur von den Medien geprägt. Wir brauchen Projekte bei der Zusammenarbeit, die auf langfristige Erfolge und nicht auf kurzfristigen Absatz gerichtet sind.

Andreas Metz, Ost-Ausschuss der Deutschen Wirtschaft:

Das Thema **Freihandel EU-Russland** ist seit ungefähr zwei Jahren ein großes Thema. Es gehört für den Ost-Ausschuss zu den wichtigsten Zielen, seit Putin 2010 in Deutschland war. Wir hatten im Oktober im Moskau ein Gespräch mit ihm, bei dem hat er den Vorschlag wiederholt, einen harmonischen Wirtschaftsraum von Lissabon bis Vladivostok aufzubauen. Wir führen auch enge Gespräche mit der EU-Kommission zu diesem Thema. Die **Probleme** liegen in Folgendem: erstens, dass seinerzeit Russland noch nicht der WTO beigetreten war. In vier Wochen ist das hoffentlich in trockenen Tüchern. Das zweite Problem liegt in der **Eurasischen Union**. Russland ist handelspolitisch nunmehr in einem Verbund mit Kasachstan und Belarus. Belarus wird auf sehr lange Zeit nicht WTO-Mitglied werden. Eine Freihandelszone wird es aber nur zwischen WTO-Partnern geben. Daraus erwächst ein Problem, das nicht ganz einfach zu lösen sein wird. Mit Kasachstan sieht die Sache anders aus. Hier bestehen Aussichten, dass auch Kasachstan der WTO beitritt. Das führt mich jetzt zu dem Thema der Eurasischen Union, das hierzulande noch sehr unterbelichtet ist. Es ist allerdings auch meines Erachtens auf Seiten der Teilnehmerstaaten noch nicht ganz klar, wie diese Union selber überhaupt funktioniert und was daraus einmal werden soll. Einerseits finde ich es wichtig, dass wir das Thema Eurasische Union offensiv aufgreifen und in der Herausbildungsphase engen Kontakt aufnehmen, damit keine Konfrontation entsteht. Andererseits ist auch noch nicht ganz klar, wo es hingeht mit dieser

Eurasischen Union. Da ist Russland gefordert, beziehungsweise die Partner, die diese Eurasische Union bilden.

Michael Hackethal, Bundeswirtschaftsministerium:

Zu der Perspektive einer Freihandelszone. Ich würde gerne die Frage in den Raum stellen, wie eine angemessene Mischung aussieht, einerseits solche visionären Strategien nicht aus dem Blick zu verlieren, gleichzeitig aber realistisch zu bleiben, was denn die angemessene **Operationalisierung** dieser Ziele angeht. Dies in einer Situation, in der auch auf russischer Seite die Rhetorik und das tatsächliche handelspolitische Gebaren auseinanderklaffen. Wir begrüßen natürlich sehr bzw. wir erwarten, dass die WTO-Ratifizierung erfolgen wird. Wir sehen aber gleichzeitig eine ganze Reihe protektionistischer Maßnahmen, die den WTO-Beitritt in seiner Wirkung stark verwässern werden. Und was die europäischen Überlegungen angeht, wie es denn weitergehen kann nach einem WTO Beitritt, so richten sich unsere Bemühungen auf ein neues Abkommen, das **Nachfolgeabkommen zum Partnerschafts- und Kooperationsabkommen**. Es soll gerichtet sein auf eine regulatorische Harmonisierung und weitere Themen, die über eine Zollsenkung hinausgehen. Da ist die russische Reaktion wenig entgegenkommend im Augenblick.

Wolfgang Clement, Bundesminister und Ministerpräsident a.D.:

Zwei Bemerkungen zu Putins Vorschlag einer gemeinsamen Wirtschaftsregion von Vladivostok bis Lissabon. Es lohnt schon, daran zu erinnern, dass der Vorschlag eigentlich von Herrn Prodi gemacht worden ist, dem damaligen EU-Kommissionspräsidenten. Als Putin ihn dann aufgegriffen hat schlug ihm von deutscher Seite eher Skepsis entgegen, auch von der Kanzlerin, und von europäischer Seite kam so gut wie nichts. Man sollte realisieren, dass Europa in außerordentlicher Weise **mit sich selbst beschäftigt** ist. Das ist ja bis in die Physis der Beteiligten hinein sichtbar, das wirkt sich natürlich sehr negativ aus. Europa führt zurzeit international, außerhalb der eigenen Grenzen, fast kein wirkliches politisches Gespräch mehr, weder mit Russland noch mit der Türkei oder anderen, so wichtig dies zurzeit auch wäre. Es lohnt nicht, darüber lange zu klagen, aber es muss überwunden werden. Wenn sie mich fragten, ich könnte niemanden nennen, der in der deutschen Politik im Verhältnis zu Russland eine bemerkenswerte Rolle spielt. Das ist die Realität und weil **Politik viel mit Personen** zu tun hat, ist das ein Problem. Da wird deutlich, dass das Thema zurzeit nicht so hoch gehandelt wird, wie es sollte. Das ist auch das eigene Interesse Deutschlands wie Europas, weil ich mir ein Europa ohne Russland, ohne Beziehungen zu Russland nicht vorstellen kann, übrigens auch nicht ohne die Türkei. Ich glaube auch, dass dabei die öffentliche Wahrnehmung eine Rolle spielt.

Zum Thema **Werte in Deutschland**: Werte haben uns immer geleitet, auch die älteren unter uns schon, auch mich schon. Wir haben immer diese Werte im Blick gehalten und nicht vergessen, aber wir haben darüber auch nicht versäumt zu versuchen, Politik zu machen; durchaus immer im Interesse und in der Verfolgung dieser Werte. Manchmal haben wir sicher Fehler gemacht, aber manchmal glaube ich auch, dass die Politik sich heute zu sehr von der medialen Konjunktur beeinflussen lässt. Man muss schon gelegentlich in Kauf nehmen, dass man gescholten wird für das, was man tut. Das schadet einem nichts, das ist manchmal sogar eher positiv.

Aber kurz und gut, es gibt schon politische Gründe dafür, dass das zurzeit nicht so rund läuft und dass die Entwicklung nicht so ist wie sie sein sollte. Natürlich ist der WTO-Beitritt Russlands ein riesiger Schritt, lange genug hat er gedauert. Ich glaube, 17 Jahre ist darüber verhandelt worden, und Gott sei Dank steht er jetzt wohl vor dem Abschluss, trotz der Diskussion in der Duma. Und der OECD-Beitritt ist möglich. Das sind Ankerpunkte, an denen die Politik ansetzen müsste, und ich betrachte Diskussionen wie auch die heutige als ein Mittel, um Anstöße zu geben, dass man in der Politik ein Stückchen weiter kommt.

Alexander Rahr, Wintershall:

Aus meiner persönlichen Sicht ist die größte Herausforderung für Putin die neue Mittelschicht.[9] Ich denke, dass der Mann legitim gewählt worden ist, auch wenn gewisse Fälschungen vorgefallen sind. Aber es ist jedem Russlandkritiker klar, dass er über 50 % bekommen hat. Und es gibt, auch das muss man objektiv zugeben, **keine wirkliche Alternative** zu ihm, weder im linken Lager, noch im rechten. Und wenn es eine Alternative geben würde, dann nicht im liberalen Lager, sondern eher in dem Fall, dass sich die Kommunisten und die Nationalisten zusammenschließen, was wir nicht wollen. Aber ich komme noch mal zu dem Punkt ‚Mittelschicht' zurück. Die **Mittelschicht** ist neu in Russland, niemand hat sie so schnell aufkommen sehen. Ich nutze jetzt objektive Zahlen russischer und internationaler Soziologen, die gesagt haben, dass die Mittelschicht vor 10-12 Jahren vielleicht knapp 10 % der Bevölkerung ausgemacht hat. Inzwischen macht sie schon fast 25%

---

[9]   Zur Einschätzung durch ausländische Unternehmer vgl. Valdai Discussion Club Russia Development Index 2011-2012, http://vid-1.rian.ru/ig/valdai/Index_2011-2012_eng.pdf

bis zu fast zu 30 % aus. Das sieht man, wenn man in Europa in die Kurorte fährt, das sieht man, wenn man in russischen Großstädten herumfährt und dort den Dienstleistungssektor anschaut. Es hat sich also enorm was getan und das ist in der Tat darauf zurückzuführen, dass es in Russland eine Art **kleines Wirtschaftswunder** gegeben hat in den letzten 12 Jahren. Das hängt natürlich mit der Politik Putins zusammen. Aus meiner Sicht hat in den Jahren zuvor **eine Art Sozialpakt** funktioniert zwischen der Macht und der neu aufkommenden Mittelschicht. Putin hat gesagt, ‚wir kümmern uns um Stabilität, ihr könnt Geld verdienen, aber mischt euch nicht in die Politik ein'. Das hat sich jetzt geändert. Dieser Pakt wird **aufgekündigt** von Seiten der neuen Mittelschicht, der jüngeren Leute, die in den 70er, 80er Jahren geboren wurden und den Kommunismus am eigenen Leib nicht mehr gespürt haben. Sie waren Kinder als die Berliner Mauer fiel, an die sie sich gar nicht erinnern. Sie haben keine Angst vor den Autoritäten und sie wollen genauso leben wie Europäer. Sie haben, anders als ihre Großeltern und Eltern, den Westen besucht, sie kennen den Westen wie ihre Westentasche und wollen dieselben Verhältnisse in Russland haben. Das ist die größte Herausforderung für Putin aus meiner Sicht. Diesem **Dialog** mit der wachsenden Mittelschicht muss er sich stellen. Ich habe seine Rede verfolgt letzte Woche in St. Petersburg und ich will jetzt nicht zu optimistisch klingen, aber ich habe schon den Eindruck, dass man sich darauf einstellt. Man will die Macht nicht teilen, man will sie nicht abgeben, man weiß aber auch nicht, wie man dies erreichen kann. Aber dass man an einem Dialog nicht vorbeikommt, das ist ihnen sonnenklar. Und ein positives Zeichen aus meiner Sicht ist die **neue russische Regierung**. Sie besteht eben kaum aus 50-jährigen, es gibt drei Minister, die älter als 50 sind, der Rest ist um die 40. Das ist die neue Generation der Technokraten, der neuen Bildungsschicht, die eine ganz andere Sichtweise auf die mögliche Zukunft Russlands entwickeln, als die Bürokraten, die noch den Zusammenbruch in den 90er Jahren erlebt haben. Und das sind Hoffnungen, das gibt Chancen für eine Modernisierungspartnerschaft; nur werden Veränderungen Russland **evolutionär** und nicht revolutionär passieren.[10]

Oleg Mosgo, Sirota & Mosgo, Rechtsanwalt:

Ich habe die politischen Geschehnisse in Russland miterlebt und zum Teil auch mitgemacht bei den Ereignissen, die in den letzten sechs Monaten, seit den Wahlen in Moskau vonstattengegangen sind. Aus meiner Sicht ist es

---

[10] Vgl. Yakovlev (Moskau) Proteste in Russland: Lehren aus der Geschichte oder kann sich Geschichte wiederholen? Russland-Analysen v.10.2.2012, S. 18-24; http://www.laender-analysen.de/russland/pdf/Russlandanalysen233.pdf

tatsächlich so, dass diese Ereignisse zuerst durch die Mittelschicht vorangetrieben wurden. Man kann das vielleicht auch etwas drastischer ausdrücken, das **neue Bürgertum** hat zum ersten Mal seine **bürgerlichen Rechte** eingefordert und das war der Anfang dieser politischen Ereignisse und dieser Bewegung. Man muss auch sagen, dass die Staatsmacht auf diese Protestbewegung sehr schnell reagiert hat und relativ große Zugeständnisse an die Protestbewegung gemacht wurden. Und die Macht geht auch davon aus, dass sie in den nächsten Jahren noch weitere **Zugeständnisse** machen wird oder gezwungen wird, sie zu machen. Unter anderem ist klar, dass es bei den regionalen und **kommunalen Wahlen** in sehr vielen Regionen und Orten einen Machtwechsel geben wird, aber gleichzeitig muss man auch verstehen, dass diese Protestbewegung durch den **Zusammenschluss dreier früherer Randgruppen** entstanden ist, also die Linken, der Nationalisten und der Liberalen, die nur durch den gemeinsamen Gegner zusammengehalten werden. Nachdem sie etwas Macht bekommen, und das werden sie, wird dieses Bündnis mit Sicherheit zerfallen.[11]

Also sie werden jetzt wirklich nur durch einen **gemeinsamen Gegner** zusammengehalten. Und wenn man diese großen Demonstrationen sieht, die in Moskau stattgefunden haben, da gibt es eine Kolonne der Linken, zu der auch Kommunisten und Anarchisten gehören, dann eine Kolonne der Rechten und der Nationalisten, die in schwarzen Uniformen oder Uniformen, die wie SS-Uniformen aussehen, aufmarschieren, und dann eine dritte Kolonne. Das sind im Prinzip die westlich orientierten Liberalen, über die wir hier gesprochen haben, die der Auslöser der Bewegung waren.

Sie sind aber nicht nur in Moskau sehr stark, sondern auch in den **Regionen**. Ich reise sehr viel in Russland und in den Großstädten sieht man die Protestbewegung sehr. In Krasnodar gab es gerade einen Machtwechsel beim Bürgermeister und Proteste gab es auch in bestimmten Regionen. Vermutlich werden dort die Machtstrukturen in der nächsten Zeit anders aussehen.[12]

N.N.:

Bei Bekannten und in Kreisen der Mitarbeiter habe ich gemerkt, dass diese Protestbewegung einfach **modisch** ist. Es gab vor sechs Monaten eine große Diskussion bei einem russischen Radiosender, Echo Moskvy. Da ging es da-

---

[11] Vgl. Siegert Politische Opposition in Russland, Russland-Analysen v. 27.1.2012, S. 6-16; http://www.laender-analysen.de/russland/pdf/Russlandanalysen232.pdf
[12] Vgl. Golosov Die Wiedereinführung der Gouverneurswahlen, Russland-Analysen v. 18.5.2012; 2-8;
http://www.laender-analysen.de/russland/pdf/Russlandanalysen238.pdf

rum, dass viele junge Menschen, die zur Mittelschicht gehören und die über ein Einkommen von 3.000,- Euro im Monat verfügen, sich der Protestbewegung einfach aus Mode angeschlossen haben. Es war interessant, mit weißen Luftballons durch Moskau zu fahren, weil es modisch war, das war aber kein Protest. Der andere Teil der jungen Menschen ist so eingestellt, dass man arbeiten muss. Diese Protestbewegung wird von ihnen nicht wahrgenommen, weil sie viel Zeit im Büro verbringen und versuchen andere Ziele zu erreichen. Ich glaube, dass es für sie wichtiger ist, wirtschaftliche Ziele zu erreichen und für sie die politische Situation nicht so wichtig ist. Aber wenn die vom Staat ausgestaltete wirtschaftliche Lage nicht so gut wäre, dann hätten auch sie sich der Protestbewegung angeschlossen. Aus meinem Bekanntenkreis sind im Moment viele gegen einen Protest. Sie sehen nicht, dass es etwas bringt, und haben viel zu tun.

Christian Wipperfürth, Publizist:

Zwei Dinge möchte ich gerne ansprechen. Thema Nummer eins: Ich war und bin sehr beeindruckt von der Besonnenheit des Protestes im Winter. Das ist ein Zeichen der **politischen Reife** in Russland. In den letzten Wochen gab es zwar einige Indizien, die mich ernüchtert haben. Aber trotz alledem, die Erfahrungen des Winters wirken nach und das ist ein gutes Zeichen für die Zukunft. Das zweite Thema: In der Berichterstattung gibt es eigentlich kaum Berichte über die **parlamentarische Opposition** in Russland. Es gibt viele, die sagen, die sind handzahm, das sind Blockparteien, die haben bislang keine Rolle gespielt. Das ist weitgehend richtig. Aber bedenken Sie folgendes Beispiel, das ich für ganz nützlich halte: In der DDR war das mal ganz ähnlich. Da haben diese Blockparteien im September, Oktober, November, Dezember 1989 eine sehr große Rolle gespielt für die Transformation. In abgeschwächtem aber doch ähnlichem Maße spielt das jetzt bereits eine Rolle in Russland. Die ehemaligen Blockparteien merken, dass es eine gewisse Nachfrage nach Opposition gibt, nach neuen Ideen. Die Politiker der parlamentarischen Opposition, die gerne etwas werden wollen, die spüren das. Sie werden dadurch angezogen und auch gedrängt, etwas zu machen, durch die vielen neuen Parteien, die gerade gegründet werden. Die Dinosaurier der parlamentarischen Opposition merken, dass sie sich bewegen müssen und das tun sie. Meine Vermutung ist, dass sie für die Pluralisierung des Landes und die Transformation eine herausragende Rolle spielen werden, und zwar eine wichtigere als die außerparlamentarische Opposition.

Manfred Bruer, Bruer Consulting:

Ich möchte gerne noch mal zu dem Inhalt dieser ersten Frage kommen, wie wird sich dies wirtschaftlich auswirken, Stagnation oder Stabilität. Ich habe wahrgenommen, dass das Jahr 2011 ein **Jahr der Stagnation** war. Es hat auch damit zu tun, dass es einen Kampf, eine Rivalität zwischen Medvedev und Putin gab und von der Mediensicht her heißt es ja immer, Medvedev ist abhängig von Putin. In der Phase bis Mai letzten Jahres gab es in der ersten und zweiten Reihe dieser Mannschaften, die um Putin und Medvedev sind, immer eine Rivalität, die zu der Stagnation im letzten Jahr geführt hat. Deswegen gibt es jetzt, nachdem die Wahl entschieden ist, aus dieser Sicht eine Möglichkeit des **Aufbruchs**, gerade auch in wirtschaftlicher Sicht.

1.2 Sicherheitspolitik

Welchen Schaden hat die Diskussion über den Raketenabwehrschirm bereits angerichtet? Ist dieser wirtschaftlich spürbar?

Alexander Rahr, Wintershall:

Wir kommen zum zweiten Punkt: Sicherheit. Ich habe bereits angedeutet, welchen Schaden die Diskussion über den Raketenabwehrschirm bereits angerichtet hat. Das beherrschende Thema ist vielleicht nur vorgeschoben, um die Beziehung zwischen Russland und den USA und damit auch anderen westlichen Ländern zu belasten. Und ist das wirtschaftlich spürbar?

Ich glaube wir haben **drei sicherheitspolitische Aspekte**, die wir mit Russland in den nächsten Monaten vorrangig bearbeiten müssen. Der erste Aspekt ist die **Rohstoffpartnerschaft**, die wir unbedingt brauchen. Es geht um die Prosperität Europas und wenn wir mit Kasachstan und der Mongolei eine Rohstoffpartnerschaft eingegangen sind, brauchen wir sie auch mit Russland; sowohl aus sicherheitspolitischen Erwägungen als auch für die Wirtschaft. Und das zweite ist, worüber in den westlichen Medien kaum geschrieben wird, dass wir ohne Unterstützung Russlands unsere Truppen aus **Afghanistan** nicht herausbekommen. Wir kriegen sie über Pakistan nicht raus, das sagen alle Spezialisten. Also brauchen wir auf jeden Fall die asiatischen Länder, aber vor allem Russland als Korridor. Wir müssen diese Leistung, die Russland ja auch erbringt, ein bisschen mehr unterstützen und loben. Das würde auch der Partnerschaft gut tun. Einfach sagen, hier arbeiten wir konkret an einem gemeinsamen Ziel. Wenn nämlich die NATO raus ist aus Afghanistan, wird Russland, werden möglicherweise China und die Staaten der Shanghai-Organisation in diesem Teil der Welt für Ordnung sorgen müssen. Das wollen wir nicht direkt zugeben, aber das wird so sein. Deswegen brauchen wir die Partnerschaft auch auf diesem Gebiet. Die NATO sollte schleunigst aus meiner Sicht eine Art Vertrag mit dem kollektiven Sicherheitsbündnis der GUS oder der Shanghai-Organisation mit dem Ziel der Stabilisierung Afghanistans abschließen. Bei der **Raketenabwehr** denke ich, müssen wir mittel- oder langfristig die Russen wieder reinholen. Es gibt den Vorschlag von Putin aus Heiligendamm von vor 4 Jahren, als er gesagt hat, dass er sich durchaus vorstellen kann, mit den Amerikanern zusammen eine gemeinsame Raketenabwehrbasis in Aserbaidschan zu unterhalten. Viele haben das abgelehnt und gesagt, diese Station nutzt nichts, sie ist sowjetisch geprägt. Aber man hat den politischen Aspekt völlig missverstanden. Die Russen waren zum ersten Mal bereit, sich auf der Seite des Westens ganz eindeutig gegen den Iran zu positionieren und da muss man sie zurückholen.

Wolfgang Clement, Bundesminister und Ministerpräsident a.D.:

In der Sicherheitspolitik wird Europa von Russland wie den USA nicht ernstgenommen, und zwar zu Recht. Wir haben ja keine wirkliche europäische Sicherheitspolitik und deshalb hängt auf westlicher Seite natürlich alles an Amerika. Deswegen ist die Hoffnung, die man haben sollte, dass es über die Frage der **Raketenabwehr** zu einer Verständigung kommt. Allerdings wird man sie in diesem Jahr nicht erzielen, nicht vor den amerikanischen Wahlen, sondern das wird ein Thema des nächsten Jahres sein. Leider ist das so, aber man kann nur hoffen, dass es dann besser läuft. Ansonsten würde ich der Einordnung zustimmen, dass wir eine **Verständigung** brauchen. Es ist jedoch absurd, daraus einen Konflikt entstehen zu lassen. Der kann sich nur entwickeln, wenn man den Konflikt will. Aber den können wir als Europäer nicht wollen.

Friedhelm Ost, Staatssekretär a.D.:

Herr Rahr hat zu Recht gesagt, dass es hier um eine gemeinsame Sicherheitspartnerschaft geht, in die man die Russen mit einbinden sollte. Es gibt natürlich auch wie immer die Falken und die Tauben. Aber sie haben völlig Recht, ich glaube, wir sollten von unserer Seite bei Gesprächen, die ja geführt werden von der NATO und Russland, versuchen, hier gemeinsame Strategien zu finden. Es wird schwierig mit Blick auf die **Wahlen** im November in Amerika. Dabei glaube ich, dass in Amerika diejenigen viel Unterstützung bekommen, die das Problem realistisch einschätzen; vor allem, um die Russen einzubinden gegen einen Unsicherheitsfaktor wie ihn zum Beispiel der Iran darstellt.

Joachim Schramm, Ostinstitut Wismar e.V.:

Eine Frage an Hr. Rahr, die mich noch interessiert. Ich glaube ein möglicher Stolperstein für die Sicherheitsbeziehung ist die **Ukraine**. Gesetz dem Fall nach Janukovitsch kommt in der Ukraine noch mal eine Bewegung an die Macht, die stärker pro europäisch ist, glauben Sie dass es ein Einverständnis zwischen Europa und Russland gibt, dass auch diese Probleme dann gelöst werden können oder wird das wieder zu Komplikationen führen?

Alexander Rahr, Wintershall:

Ich bin ständig in der Ukraine, ich mag mich täuschen, aber ich habe den Eindruck, dass wir es mit einer historischen Wende zu tun haben. Der Großteil der ukrainischen Eliten ist nunmehr der Meinung, dass die europäische Union ihnen nichts mehr gibt. Es gibt beiderseitige **Enttäuschungen**.[13] Wir reden über unsere Enttäuschungen mit der Ukraine, dass die orangenfarbene Revolution gescheitert ist. Aber in der Ukraine gibt es auch unter den pro-europäisch denkenden Menschen große Enttäuschungen darüber, wie sich die europäische Union in den letzten sechs Jahren gegenüber der Ukraine verhalten hat. Und deshalb bin auch ich erst einmal irritiert gewesen, aber dann sehr erstaunt darüber, von Leuten, die ich seit 20 Jahren kenne, die immer der europäischen Orientierung das Wort geredet haben, zu hören, die **Eurasische Union** sei eine Alternative für ihr Land. Sie wollen beides. Sie wollen in die Eurasische Union, um die Ostmärkte für sich erobern zu können. Die Ukraine ist interessiert an Kasachstan, Zentralasien und Russland, gleichzeitig aber auch daran, die Verbindung zu Europa zu erhalten. Das wird vielleicht der goldene Weg. Was die Oktoberwahlen angeht im Parlament, so glaube ich, dass die **Partei der Regionen** dort nicht unbedingt verlieren wird. Sie hat politisch vielleicht nicht viel drauf, aber wirtschaftlich hat sie das Land von der Katastrophe, von der alle gesprochen haben, weggeführt. In der Ukraine gibt es auch Wachstum, ich glaube das die Entwicklung, die wir jetzt sehen, nicht langfristig aber eher mittelfristiger Natur sein wird mit dieser neuen Stabilität. Nicht à la Janukovitsch, aber ich sehe keinen pro westlichen Politiker, der irgendwie in der Ukraine in den nächsten Jahren eine Chance hätte.

---

[13] Umland (Kiew) Das Beziehungsdreieck Ukraine-EU-Russland im Wandel, Ukraine-Analysen v. 13.12.2011, S. 2-8; http://www.laender-analysen.de/ukraine/pdf/Ukraine Analysen98.pdf

Alexander Klochkov, DLA Piper Rechtsanwälte:

Ich interessiere mich sehr für die russischen **Kapitalmärkte** und versuche zu verstehen, welche Faktoren auf diese wirken. Wenn z.B. im Westen in der Wirtschaft irgendetwas Dramatisches passiert oder wenn in Russland Leute im Protest auf die Straße gehen, dann passiert üblicherweise an den russischen Aktienmärkten fast gar nichts. Wenn es aber eine Diskussion mit der NATO oder eine Verschlechterung der Beziehungen zur NATO gibt, dann fallen sofort die russischen Märkte. Ich glaube auch im Jahr 2008 hat man von der internationalen Finanzkrise bis zum August fast gar nichts bemerkt. Aber als es zum Krieg mit Georgien kam und dann zu sehr scharfen Diskussionen mit der NATO, wie man weitermachen soll, dann sind die russischen Märkte einfach abgestürzt. Vor allem der **Ölpreis, aber auch die guten Beziehungen zur Nato** sind für den russischen Aktienmarkt sehr wichtig und erst die Aktienmärkte bringen den Wert der russischen Wirtschaft wirklich zum Ausdruck.

Das andere wichtige Thema ist die **russische Bevölkerung**.[14] Wenn man im Westen über imperialistische Interessen Russlands oder eine russische Bedrohung spricht, kann ich nur lachen. Denn wenn nur 15 % der Bevölkerung unter 15 Jahren alt sind,[15] besteht eine solche Gefahr gar nicht. Auch die Vorstellung von einer Revolution in Russland ist lächerlich. Die Bevölkerung zwischen 18 und 24 ist zwar groß, aber proportional gesehen nicht so groß wie Anfang des Jahrhunderts. Wenn Russland früher einmal 10 % der Weltbevölkerung ausmachte,[16] jetzt aber nur 2 %, dann sollte man sich ganz andere Länder anschauen, die zu dieser Entwicklung in den letzten 40 Jahren entscheidend beigetragen haben, wie etwa Pakistan, mit einem Anteil von 34 % unter 15 Jahren,[17] und einer Gesamtzahl der Kinder, die schon jetzt der Zahl der Kinder im vergleichbaren Alter in den Vereinigten Staaten gleich (oder sogar mehr) ist. Oder nehme man Ägypten (mit 32% der Bevölkerung unter 15 Jahren; 68,9% unter 35 Jahren)[18] – da sehen wir eine Revolution. In Russ-

---

[14] Brade/ Kolter/ Lentz Die demographische Entwicklung 1989 – 2002 – 2010, Russland-Analysen v. 29.6.2012, S. 5-8; http://www.laender-analysen.de/russland/pdf/Russland analysen241.pdf
[15] http://www.gks.ru/wps/wcm/connect/rosstat_main/rosstat/ru/statistics/population/demography/#, zuletzt besucht am 24 Mai 2013
[16] http://scepsis.net/library/id_1217.html, zuletzt besucht am 24 Mai 2013
[17] http://www.census.gov/population/international/data/idb/informationGateway.php, zuletzt besucht am 24 Mai 2013
[18] http://www.census.gov/population/international/data/idb/informationGateway.php, zuletzt besucht am 24 Mai 2013

land wird es **keine vergleichbare Revolution** geben. Auch diese Bevölkerungsschicht, die jetzt laut der letzten Befragungen sehr aktiv ist, die 18–24 jährigen Leute in Moskau, unter den gegebenen demographischen Bedingungen in Russland wird nicht imstande sein, viel Schaden anzurichten.

1.3 Die deutsche Russlandpolitik

Warum spielt Deutschland in der deutschen Politik zurzeit kaum eine Rolle? Welcher Politiker ‚steht' für die Beziehungen zu Russland? Was bringt die russisch-deutsche Modernisierungspartnerschaft?

Alexander Rahr, Wintershall:

Jetzt kommen wir zum nächsten Punkt: Wie sieht eigentlich die deutsche Russlandpolitik aus, warum spielt Russland in der deutschen Politik zurzeit kaum eine Rolle? Jedenfalls nicht erkennbar. Welcher Politiker steht für die Beziehung zu Russland, wer ist der Verbindungsmann? Das spielt ja immer eine Rolle, Politik wird über Personen lebendiger und effizienter. Was bringt die deutsch russische Modernisierungspartnerschaft und warum blockiert Deutschland in der Visa-Frage? Das sind die vorgegebenen Stichworte.[19]

Dimitri Vaisband, Bundesverband deutsch-russischer Unternehmen:

Ich möchte in das Jahr 2000 zurück, als Putin Präsident geworden ist. Damals war er sehr **westlich orientiert**, er war sehr aufgeschlossen, Russland näher an die europäische Union zu bringen. Es war sehr ernst gemeint und als Zeichen dafür war er pro israelisch in den israelisch-palästinensischen Beziehungen. Aufgrund von Vorurteilen der Kollegen hier erfuhr er jedoch eine **Zurückweisung** und im Endeffekt haben wir die Konsequenzen nun auf unserer Agenda. Ein identischer Fall hat sich praktisch mit der Ukraine später wiederholt. Die Wahl Jushtshenkos wurde zwar intensiv begrüßt, aber im Endeffekt wurde er politisch nicht unterstützt. Bei den Schwierigkeiten war er auf sich selbst angewiesen und aus diesem Grund haben wir jetzt die Ukraine-Problematik. Somit haben wir auf unserer Agenda zwei Fragen zu stellen. Die erste Frage: Wie kommt es dazu, dass die europäische Union **systematisch so falsch** vorgeht mit denjenigen, die grundsätzlich europäische Werte in ihren Ländern unterstützen möchten? Und die zweite Frage,

---

http://www.swp-berlin.org/fileadmin/contents/products/studien/2011_S17_ass_ks.pdf, zuletzt besucht am 24 Mai 2013

[19] Dazu zuletzt: VogelDie russische Herausforderung, Russland-Analysen v. 30.11.2012, S.2-5; http://www.laender-analysen.de/russland/pdf/Russlandanalysen248.pdf

wenn wir die systematischen Fehler jetzt aufdecken, können wir dann jetzt die Fehler reparieren, ja oder nein? Wenn ja, mit welchen Maßnahmen?

Andreas Steininger, Hochschule Wismar; Ostinstitut Wismar e.V.:

Wir haben bei der Vorbereitung versucht, einen Politiker einzuladen. Letztes Jahr war zumindest Staatsminister Hoyer da, er hat sich interessiert. Er ist jetzt aber nicht mehr im Amt. Momentan ist es **kaum möglich**, einen deutschen Politiker für das Thema Deutschland – Russland zu begeistern. Wir haben uns wirklich seit Januar intensiv darum bemüht, einen höherrangigen Politiker einzuladen. Ob das Grüne, SPD oder CDU war, es ist derzeit nicht möglich. Es wird ganz klar gesagt, dass es andere Themen gibt, die wichtiger sind; Russland ist momentan nicht im Fokus. Und es klang eben in der Diskussion schon einmal an, wir haben momentan eine Situation, in der es keine Männerfreundschaft gibt wie zwischen einem Hr. Schröder und Hr. Putin. Das mag zwar bedauerlich sein, aber andere meinen, das wäre auch sehr gut so. Aber es fehlt jemand, der für die deutsch-russischen Beziehungen steht. Und das ist in der Tat ein Problem, weil wir auch teilweise von der russischen Seite hören, dass **keine Gesprächspartner** mehr da sind, mit denen man ‚größere Projekte fahren kann'. Das auch mal als Frage an die beteiligten Rechtsanwaltskollegen. Aber große Projekte bekommen wir meiner Erfahrung nach ohne politische Unterstützung nicht hin. Ich meine jetzt nicht den Mittelständler, der in Moskau einen Laden aufmachen will Aber bei größeren Projekten brauchen wir politische Unterstützung und die sehe ich momentan nicht.

Andreas Metz, Ost-Ausschuss der Deutschen Wirtschaft:

Ich möchte das bestätigen. Sie wissen, dass vor kurzem in St. Petersburg das **International Economic Forum** stattfand. Wir haben sehr lange versucht zu erreichen, dass Deutschland das Partnerland wird, das Kernland dieses Wirtschaftstreffens. Die Franzosen haben das vor zwei Jahren exzellent vorgemacht mit Sarkozy, der mit einer großen Delegation angereist ist. Jetzt endete es damit, dass aus Deutschland **keiner hingefahren** ist. Wir sind jetzt dran, dass es vielleicht im nächsten Jahr klappt mit der Kanzlerin. Aber diese Probleme spüren wir ständig, eine hochrangige deutsche Vertretung von der politischen Seite zu bekommen. Sie kennen auch die Probleme, die sich um das **Deutschlandjahr** ergeben haben, das fast parallel dazu eröffnet wurde. Fr. Staatsministerin Pieper ist noch hingefahren, aber eigentlich war Hr. Gauck geplant. Ich glaube, gerade wenn man an die Ursachensuche geht, dass uns da auch immer noch so ein bisschen der „lupenreine Demokrat" Probleme macht. Ich bin kein Politiker, aber ich vermute, Politiker verbrennen sich bei dem Thema Russland eher die Finger, als dass sie sich dadurch profilieren. Und je negativer Russland in den Medien dargestellt wird, desto schwieriger wird es auch für einen Politiker, ein unbefangenes Verhältnis aufzubauen und sich mit dem Thema identifizieren zu lassen. Ich denke, und da komme ich noch mal auf den „lupenreinen Demokraten" zurück, man macht sich **angreifbar**, wenn man jetzt positive Beziehungen zu Russland pflegt. Das ist schade und ich unterstreiche deswegen auch, was Hr. Clement sagte, dass es eben manchmal doch sehr stark nach dem Zeitgeist geht und weniger nach den wichtigen und pragmatischen politischen Fragen.

Ich möchte noch etwas sagen zur Modernisierungspartnerschaft und zur Visa-Frage. **Modernisierungspartnerschaft** ist ja eine Idee, die nach 2005 sozusagen als Siegel entwickelt wurde. Es ist logisch, dass so etwas auch immer einer konjunkturellen Lage unterworfen ist. Es gibt eben manchmal sehr große Projekte, da haben wir auch einige jetzt abgewickelt, Nord-Stream z.B. Da gibt es eben Zeiten, in denen es sehr gute Projekte gibt, die nach außen sehr stark wirken. Es gibt aber auch eine Zeit, wo sie eben nicht so nach außen wirken. Es läuft sehr viel, aber vielleicht momentan **nicht so sichtbar**.

Es gibt aber ein Thema, von dem ich glaube, dass es sehr stark nach vorne kommen wird und das ist das Thema **Mittelstand**. Wir spüren auf der russischen Seite ein starkes Interesse und es gibt von der deutschen Seite gute Voraussetzungen, da unserem Mittelstand weltweit eine sehr hohe Bedeutung zukommt und er Vorbildcharakter hat. Dieses Thema Mittelstand zum Bestandteil der Modernisierungspartnerschaft zu machen, erscheint mir hervorragend, weil sich in Russland eine Mittelschicht gerade herausbildet und das der einzige Weg ist, die russische Wirtschaft zu modernisieren. Die deutsche Seite kann hier mit ihren Erfahrungen, mit der Innovativkraft des Mittelstandes, mit den vielen kleinen Unternehmen, die auf ihrem Gebiet Weltmarktführer sind, mit der dualen Ausbildung, in vielen Dingen auch Impulse geben, die in Russland der Modernisierung auf die Füße helfen können. Gleichzeitig ist das Thema auch für unsere Geschäfte von Bedeutung, weil wir dadurch neue Kontakte bekommen, mehr Ansprechpartner auf der russischen Seite gewinnen.

Letzter Punkt: **Visa-Frage**. Warum blockiert Deutschland in der Visa-Frage? Die Frage ist zu stark formuliert. Ich glaube, dass es in Deutschland eigentlich einen sehr breiten Konsens gibt, in der Visa-Frage nach vorne zu kommen, die Visa-Pflicht zu liberalisieren. Der Ost-Ausschuss ist seit einiger Zeit an dem Thema dran, es gibt im Bundestag eine Arbeitsgruppe, die sich mit der Frage der Liberalisierung beschäftigt und es gibt einen Konsens, der reicht von der Linkspartei, über die Grünen, die FDP, die SPD bis weit in die

CDU/CSU hinein. Hr. Mißfelder ist z.B. sehr aktiv. Wo es hakt, das sind die Innenpolitiker der CDU/CSU. Das ist eine kleinere Gruppe, die aber momentan sozusagen vor einer größeren Lösung steht. Da haben wir noch Überzeugungsarbeit zu leisten. Dennoch glaube ich, dass in der Sache **Bewegung** drin ist. Das Auswärtige Amt hat auch schon weitere Schritte angekündigt und was uns vielleicht in die Hände spielt, ist die Entwicklung auf der europäischen Ebene. Da gibt es gemeinsame Schritte zwischen Russland und der EU, die verabredet sind, und einen Prozess, der jetzt weiterläuft und immer mehr Länder erfasst. Es gibt ein Interesse, dass auf dem Gebiet etwas passiert und wenn sich die deutschen Innenpolitiker auch noch bewegen würden, dann könnte es relativ schnell gehen, dass wir bei der Visa-Frage zu konkreten Ergebnissen kommen. Ich bin bei dem Punkt jedenfalls vorsichtig optimistisch eingestellt.

Wolfgang Clement, Bundesminister und Ministerpräsident a.D.:

Ich würde mich freuen, Herr Metz, wenn sie Recht haben, was die **Visa-Frage** angeht. Ich habe mich einmal im privaten Bereich um Menschen bemüht, die um ein Visum an der Moskauer Botschaft unseres Landes nachgesucht haben. Ich muss ganz offen sagen, das ist eine **Behandlung**, die man dort nach meiner Erfahrung erfährt, die war nicht sehr freundlich. Um das ganz klar zu sagen, ich bin entsetzt gewesen über die Art und Weise, wie dort in dem Fall vorgegangen wurde, den ich vor Augen habe. Ich stelle mir immer vor, das sind Leute, die in einem solchen Umgang nicht trainiert sind. Hier müssen wir dringend zu einer anderen Lösung kommen.

Ansonsten zur Frage der **deutschen Politik**: Wir müssen Acht geben. Wir wollen ja nicht, dass die Politik eine so große Rolle spielt in der Wirtschaft. Wir müssen aber zu den Schritten, die auf Seiten der russischen Politik notwendig sind, dennoch etwas sagen. „Die Wirtschaft" muss da auch deutlicher werden!Das ist nicht gut aus meiner Sicht, aber es ist so, in Deutschland spielt die Politik ja auch wieder eine stärkere Rolle. Dabei müssen wir aufpassen, dass die Politik nicht die ganze Diskussion bestimmt oder gar keine Diskussionen führt - und damit wäre das Thema erledigt. Wir müssen die gesellschaftlichen Gruppen, nicht nur die wirtschaftlichen, bei uns für das Thema interessieren.

Frank Schauff, Verband der Europäischen Wirtschaft in Russland:

Wir vertreten 650 meist große Unternehmen in Russland und sind damit die Hauptvertretung ausländischer Investoren in Russland. Zuerst zu der Frage der Politik. Ich bin eigentlich ganz froh, dass es nicht mehr den großen Übervater gibt aus Deutschland, der da versucht, die Dinge im Alleingang zu regeln. Die Lage ist natürlich viel einfacher, wenn man es **entpolitisiert**. Die ganzen wirtschaftlichen Fragen müssen entpolitisiert werden. So zu tun als wenn Verträge dadurch größere Gültigkeit erhalten oder sozusagen mehr Energie da reingesteckt wird, wenn beispielsweise Schröder oder Merkel und Putin dahinterstehen, halte ich für ausgesprochen fragwürdig. Und ich muss gestehen, eine Entpolitisierung der wirtschaftlichen Beziehungen ist eigentlich nur gut. Weil die Dinge deutlich ruhiger laufen, es steht nur nicht alles in der Presse. Es mag manchmal hilfreich sein, wenn nicht alles in der Presse steht. Zweitens **Wirtschaft, Handel, Investition**: Wir haben eine Weltwirtschaftskrise, aber trotzdem wächst der Handel mit Russland; wir haben eine Weltwirtschaftskrise, aber trotzdem wachsen die Auslandsinvestitionen nach Russland. Es passieren ja Dinge, und die Lage ist in Bezug auf Russland vor dem Hintergrund, dass die Weltwirtschaftslage nicht so rosig ist, eigentlich **erfreulich gut**.[20] Ich war gestern auf einer Eröffnung einer Fabrik von BSH, da werden Waschmaschinen hergestellt. Die Automobilhersteller in Russland verkaufen ihre Produkte rasant, es gibt ein Wachstum von 30-40 %. Ich meine, die Dinge sind wirtschaftlich betrachtet brillant. Und da muss ich dann gestehen, kann ich einen gewissen Zungenschlag in der Diskussion hier nicht ganz verstehen. Es ist auch zum Teil ein Problem auf der russischen Seite. Man kann natürlich viel darüber reden, welche Defizite hat die deutsche Politik oder auch die europäische Politik gegenüber Russland. Aber es gibt auch **große Probleme auf der russischen Seite.** Der ganze Komplex, auf den wir noch zu sprechen kommen, mit Korruption etc. Oder wenn ich mir Putins Rede letzte Woche in St. Petersburg anhöre, das ist alles gut und schön. Aber wo ist die praktische Umsetzung? Und bei der Politik, die in Russland betrieben wird, und hier kommen wir auf die Frage der Klein- und Mittelunternehmen, da können sie natürlich große Investitionen heranziehen von Volkswagen oder Renault oder Toyota oder BSH. Aber sie werden mittlere und kleinere Unternehmen, mit den Strukturen die sie in Russland haben, nicht anziehen. Und das ist nicht nur eine Frage der Berichterstattung, sondern das ist auch eine Frage der harten Realitäten. Weil die Dinge, die da in Russland teilweise praktiziert werden, sich auch nur Schritt für Schritt ändern. Letzter Punkt **Visa-Frage**. Da verstehe ich auch manchmal die deutsche Diskussion nicht. Ich kann nicht verstehen, dass sich jeder rechtfertigen muss, denn diese Frage wird auf der **EU-Ebene** verhandelt, nicht auf der deutschen Ebene. Und da mag es in Deutschland viel Bauchge-

---

[20] Kinsbrunner Deutsche Unternehmen in Russland florieren, Russland-Analysen v. 24.2.2012, S.11-14; http://www.laender-analysen.de/russland/pdf/Russlandanalysen 234.pdf

fühl geben bei den Innenpolitikern. Es findet ein enger Dialog statt zwischen der EU-Kommission und der russischen Regierung über die Abschaffung der Visa-Pflicht. Aus meiner Sicht gibt es jenseits von technischen Fragen keine großen politischen Probleme mehr, um das umzusetzen. Und das ist aus meiner Sicht eine Frage von drei, vier oder fünf Jahren, dann wird das Visafreie Reisen Realität sein.

1.4 Russische Deutschland- und Europapolitik

Ist die Euro-Krise nicht eine einmalige Chance für Russland, sich in Europa zu engagieren und damit Einfluss zu gewinnen? Deutschland scheint aufgrund seiner Sparpolitik in Europa immer mehr zu isolieren. Könnte Russland für Deutschland hier nicht ein starker Partner sein?

Friedhelm Ost, Regierungssprecher a.D., Staatssekretär a.D.:

Behalten Sie Ihre Anregungen, Ideen und Beiträge, ich will sie auch sofort einbinden in den Punkt vier: russische Deutschland und Europapolitik. Man hat ja am letzten Beitrag gesehen, wie eng das zusammenfällt. Natürlich strahlt die Eurokrise ab. Oder ist sie sogar eine einmalige Chance für das Verhältnis zwischen Europa und Russland? 40 % der Devisenreserven Russlands sind in Euro angelegt, da gibt es sicherlich Interesse an einem stabilen Euro. Die Frage ist auch, könnte Russland nicht für uns ein stärkerer Partner sein? Ich habe ja gesagt vorhin, wie relativ bescheiden noch die Dimensionen etwa beim Außenhandel, bei Investitionen und bei anderen Beziehungen sind. Da können wir noch vielmehr machen.

Manfred Bruer, Bruer Consulting, Mitteleuropa-Verein:

Ich möchte noch einmal zurückkommen auf die **Modernisierungspartnerschaft**. Sie haben gerade gesagt, dass es da Chancen für den Mittelstand gibt. Ich denke, dass die Partnerschaft auch und gerade für den Aufbau der **Infrastruktur** sehr wichtig ist. Die Infrastruktur ist ja in Russland doch sehr modernisierungsbedürftig, die ist praktisch marode und die **Großveranstaltungen**, die dort anstehen, werden Russland vor eine große Herausforderung stellen: Fußballweltmeisterschaft, Olympische Spiele, alles was dort anfällt benötigt eine Infrastruktur. Ein Augenmerk würde ich gern auf den Bereich **Gesundheitswirtschaft** lenken. Es ist ein ganz wichtiges politisches Thema, auch in Russland. Bei denen brennt die Kerze auf beiden Seiten. Die Lebenserwartung für Männer liegt in Russland bei 62 Jahren, da würde ich jetzt nicht mehr hier sitzen. Auf der anderen Seite haben die dasselbe Problem mit dem Geburtenrückgang wie wir. Gleichzeitig ist die Kindersterblichkeit hoch, das hat Russland erkannt. Die haben in diesem und im nächsten Jahr 12 Milliarden Euro im Etat vorgesehen für die Modernisierung der Gesundheitswirtschaft. Das sind natürlich auch Chancen für die deutsche Wirtschaft.

Andreas Dippe, Derra, Meyer & Partner Rechtsanwälte:

Bevor kein Politiker genannt wird, der das Thema Russland auf der Agenda hält, würde ich noch kurz an die jüngste Veröffentlichung von **Gernot Erler** erinnern „**Die Europäisierung Russlands**".[21] Sie wurde auch vor kurzem in der Russischen Botschaft vorgestellt und in der Botschaft hat man auch klar zum Ausdruck gebracht, dass, wenn es um eine Modernisierungspartnerschaft geht, für Russland nur die Europäische Union als Hauptpartner in Betracht kommt. Die eurasischen Bestrebungen Russlands muss man eher so verstehen, dass da Einflusssphären abgesteckt werden sollen, um auch im zentralasiatischen Raum Flagge zu zeigen und der starken chinesischen Seite etwas entgegen zu setzen. Dies sollte aber nicht unbedingt als eine Abkehr von dem Verständnis der Europäischen Union verstanden werden.

Ulf Schneider, Russia Consulting, AHK-Moskau:

Es ist ein leidiges Thema, die **Visa-Frage**, ich würde trotzdem noch mal gerne auf den Aspekt zurückkommen, wie werden russische Staatsbürger in der deutschen Botschaft behandelt. Es ist nicht nur das. Wenn russische Staatsbürger in Deutschland einreisen, da geht es ja weiter hier am Flughafen. Ich reise auch relativ viel in die Nachbarländer Deutschlands und es gibt kein einziges Land, wo diese Art von **Verhören** anzutreffen ist, wenn russische Staatsbürger nach Deutschland einreisen. Schönefeld ist ein Extrembeispiel. In Frankfurt ist es auch nicht viel besser. Das gibt es weder in Wien, noch in Zürich oder Paris, auch nicht in Warschau. Wie Russen behandelt werden, wenn sie nach Deutschland einreisen, bei der Passkontrolle, das sind einfach nur Verhöre. Und ich bin auch Mitglied im Vorstand der deutsch-russischen AHK. Wir haben beschlossen, dass wir die Initiative ergreifen wollen und ich würde mich freuen, wenn bei der Passkontrolle noch andere darauf hinweisen, dass Verhöre unangemessen sind. Wenn ich also jemanden vor mir habe, ein Russe, der da verhört wird, dann beschwere ich mich beim Bundespolizisten und bitte darum, das weiterzureichen an die Polizeidirektion.

Und es ist halt etwas, was wir sofort lösen könnten, wo wir eine spürbare Verbesserung für die Besucher dieses Landes, die hier Geld ausgeben möch-

---

[21] Erler/Schulze (Hg.) Die Europäisierung Russlands Moskau zwischen Modernisierungspartnerschaft und Großmachtrolle (2012)

ten und die Wirtschaft mit antreiben wollen, mit ganz einfachen Mitteln etwas erreichen können.

Elena Malieva, Investitionsförderung Mecklenburg Vorpommern:

Wenn wir uns erinnern wie es früher war, welcher Ton zwischen den deutschen und den russischen Politikern in den Gesprächen herrschte, dann war das ein **freundschaftlicher Ton**. Man hat sich nicht belehrt. Aber das, was wir heute hören und meistens von der deutschen Seite Richtung Russland geht, ob Menschenrechte oder sonstiges, ist immer ein Tick **Belehrung**. Wir machen das besser, wir wissen das besser, wir sagen das besser und wir tun das besser. Warum ist das eine wichtige Frage? Wer gibt uns das Recht dafür, hier in Deutschland, den deutschen Politikern, sich so in Russland zu benehmen. Aber das ist ja nicht das einzige. Wir projizieren in Deutschland Richtung **Bundesländer** genau dasselbe und nicht einmal, dass sich nur die Bundespolitik so benimmt, auch die Landespolitik. Sie trauen sich ja auch nicht, selbstständig und souverän eigene Schritte Richtung Russland zu unternehmen. Als wir vor 1 ½ Jahren in St. Petersburg die erste Auftaktveranstaltung hatten zur Eröffnung von Nord Stream-Pipeline, die wirklich für unser Bundesland sehr wichtig ist, hat sich weder die deutsche Bundespolitik noch die Landespolitik, nicht einmal der Bürgermeister von Lubmin, der Ort, bei dem diese Pipelineröhre rauskommt, getraut, nach Russland zu fliegen. Dann fragen wir uns schon, wie können wir weiter diese deutsch-russische Beziehungen auf der gleichen Ebene fördern und fortzuführen versuchen.

Zurzeit kommt es ja wieder stärker zu direkten Verbindungen zwischen den Regierungsspitzen. Die Kanzlerin persönlich hat sich dafür sehr eingesetzt. Ich glaube, das kann man noch mal als Aufhänger nehmen, um gerade die Beziehung zu Russland zu fördern. Ich habe gerade in ihrem Land mit einigen Ministern gesprochen, die hatten keinen richtigen Sinn dafür. Aber das wird wieder zunehmen. Und der zweite Strang der **Nord-Stream-Pipeline** kommt. Mit all den Aufträgen zur Ummantelung von Stahlröhren wird das Land Mecklenburg-Vorpommern einen gigantischen Aufschwung nehmen. Dankprozessionen in Richtung Russland werden sich dann auf den Weg machen.

Christian Schaich, Deutsche Forschungsgemeinschaft:

Ich würde auch gerne noch kurz etwas zu der **Visa-Frage** sagen. Wir merken auch in der **Wissenschaft** beim Austausch auf Konferenzen und so weiter, dass eine Teilnahme russischer Wissenschaftler schwieriger ist, dass die Russen dann lieber, weil es einfacher ist, mit den Franzosen zusammenarbeiten.

Das heißt, wir verlieren tatsächlich Kooperationen, wir verlieren Potenzial, das ist das eine. Das andere ist nur eine kleine Anmerkung. Am Dienstag, als ich eingereist bin, stand ich 1 ½ Stunden am Flughafen in Russland, und gestern, als ich ausgereist bin, auch wieder 2 Stunden. Also **auf beiden Seiten** könnte man was regeln und bessern.

1.5 Energiearchitektur

Wird Russland seinen energiepolitischen Einfluss nunmehr auszubauen versuchen, um auch auf weltpolitischen Fragen Einfluss zu nehmen? Kann man in den nächsten Jahren eine ‚Energiearchitektur' aufbauen, die Sicherheit bei der Versorgung verspricht?

Friedhelm Ost ‚Regierungssprecher a.D., Staatssekretär a.D.:

Wir kommen zum nächsten Punkt Nummer fünf ‚Energiearchitektur'. Das ist, glaube ich, ganz wichtig. Wird Russland seinen energiepolitischen Einfluss ausbauen und versuchen, auf diesem Weg auf die weltpolitischen Fragen **Einfluss** zu nehmen? Kann man in den nächsten Jahren eine Energiearchitektur aufbauen, die Sicherheit bei der Versorgung verspricht?[22]

Wolfgang Clement, Bundesminister und Ministerpräsident a.D.:

Ich habe ja versucht, auf die **amerikanische Entwicklung** aufmerksam zu machen. Ich glaube, dass Russland eher Schwierigkeiten haben wird, in der Energiewirtschaft generell eine stärkere Rolle zu spielen als bisher. Auch wenn ich das nicht überschätze, was mit Shale Gas und anderem zu tun hat. Aber es vollzieht sich zurzeit eine erhebliche Veränderung. Wenn auch nur ein Teil dessen wahr wird, was sich in Amerika, vor allem in Nordamerika, gerade abzeichnet auf diesem Sektor, wird sich dies spürbar auf die internationalen Entwicklungen auswirken. Nordamerika ist in Bezug auf Shale Gas und andere Dinge etwas unempfindlicher als wir hier in Deutschland. Dabei will ich mich gar nicht darüber auslassen, was wir hier alles nicht tun, sondern nur vor Augen führen, dass die Amerikaner auf diesem Feld, ungeachtet der Bedenken, die es gegen die Förderung von Shale Gas geben mag, stramm vorangehen.

Also, ich glaube, dass das von russischer Seite den öffentlichen Äußerungen nach zu urteilen noch **unterschätzt** wird. Aus Amerika hört man sehr unterschiedliche Urteile, je nachdem, mit wem man spricht. Es werden sich auch in Amerika Bedenken aus dem Umweltbereich eher festigen. Die Amerika-

---

[22] Vgl. Dickel/Westphal EU-Russia Gas Relations, SWP Comments 2012/C 12, April 2012, http://www.swp-berlin.org/

ner spekulieren andererseits damit, dass im Energiebereich 1,5 bis zu 3 Millionen neue Arbeitsplätze entstehen können. Und wenn man sich die amerikanische wirtschaftliche Lage anschaut, dann wird man vermuten können, dass auf diese Möglichkeiten nicht verzichtet werden soll.

Das alles hat Rückwirkungen auch auf uns. Das eine natürlich ist unsere energiewirtschaftliche und energiepolitische Diskussion, die eine zeitweise **Präferenz für Gas** hat. Da wir Gas selber aber kaum produzieren und auch Shale Gas vermutlich nicht produzieren werden, spricht einiges dafür, dass die Möglichkeiten Russlands im deutschen Markt eher wachsen. Bezogen auf unseren Markt hier in Europa wird die russische Situation also eher stärker werden können. Und auch deshalb spricht aus meiner Sicht viel dafür, dass Russland sich stärker auf Europa hin orientiert und auch stärker dessen wirtschaftspolitischen Interessen zur Kenntnis nimmt.

Wir selbst müssen eigentlich ein großes Interesse haben, in Russland unterwegs zu sein. Jedenfalls spricht viel dafür, dass Russland im Bereich des **Umweltschutzes**, nicht nur im Energiesektor, Veränderungen vornehmen muss, aus allgemeinem Interesse, aus globalem Interesse. Und dass wir dabei eine Rolle spielen sollten, auch aus unseren eigenen ökonomischen Interessen, sollte auf der Hand liegen. Deshalb glaube ich, dass eine Intensivierung der politischen Beziehungen, die dann auch auf die wirtschaftlichen Beziehungen einwirken würden, sinnvoll wäre.

Frank Schauff, Verband der Europäischen Wirtschaft in Russland:

Es kommt dazu die zweite technologische Revolution, die der Gasmarkt erfährt, mit der **Verflüssigung von Erdgas**, das dann verschifft werden kann. Das hat aus meiner Sicht zwei Folgen: Verflüssigtes Erdgas hat auf dem Weltmarkt zurzeit einen Anteil von 30 %, das heißt dramatisch wachsend. Vor 10 Jahren war es ungefähr 1 %. Diese Veränderungen, also die Erschließung von Schiefergasvorkommen und zweitens verflüssigtes Erdgas, werden zur Folge haben erstens, dass es mehr Gas auf dem Weltmarkt gibt. Das ist jetzt schon das Faktum in den USA. Die USA sind Nettoexporteur von Gas geworden oder stehen kurz davor, es zu werden. Und zweitens ist es so, dass mit dem Transport von verflüssigtem Erdgas über Tanker mehr Spieler auf den Weltmarkt kommen. Dadurch wird das Spiel deutlich flexibler werden, es wird einen pipelineunabhängigen Export von Erdgas geben in Zukunft. Und das wird die **Pipelinefrage** aufwerfen. Das ganze Grand Game um Pipelines wird sich aus meiner Sicht nicht mehr wirtschaftlich rechnen und wird auch die Frage des Erpressungspotenzials stark entschärfen. Hier sehen wir bei den russischen Politikern und der russischen Energiewirtschaft keine erkennbaren strategischen Antworten. Und ehrlich gesagt, für die Russen ist das sehr schwer steuerbar, was da technologischpassiert. Von daher glaube ich, dass Russland langfristig ein strategisches Problem hat, weil die Wirtschaft zum großen Teil auf dem Export von Gas beruht.

Detlef Wessling, e.on Ruhrgas:

Zunächst einmal denke ich, dass Russland zum Beispiel mit der südlichen **South-Stream-Pipeline** doch nicht nur die Ukraine umgehen will, sondern auch dafür sorgen, dass es das Gas aus Zentralasien oder auch aus dem kaspischen Raum nicht zum Konkurrenten bekommt. Das Gas, das eventuell aus dem kaspischen Raum zu bekommen wäre, soll nach russischer Lesart doch eher aus Russland geliefert werden. Ich denke, Gazprom ist zudem stark daran interessiert, für den Fall, dass wir auf Shale Gas kommen, das Shale Gas selber in Europa eher als ein aus umweltpolitischer Sicht **kritisch darzustellen**. Das sind sicherlich Einflüsse, die Gazprom auf den westeuropäischen Markt nehmen kann.

Alexander Rahr, Wintershall:

Hr. Schauff hat eine Orientierungslosigkeit oder eine fehlende Strategie der russischen Politik manifestiert. Das stimmt. Aber gleichzeitig fehlt auch uns eine Strategie. Das was Hr. Clement gesagt hat über Amerika als den neuen Nahen Osten ist ebenfalls korrekt, das wird so kommen. Aber gleichzeitig schauen wir auf den **Nahen Osten**, den könnten wir verlieren. Ein Krieg im Iran ist nicht mehr unrealistisch. Daneben haben wir den Bürgerkrieg in Syrien, haben wir die Krise in Ägypten, da gibt es große Probleme und es existiert zum ersten Mal seit 30 Jahren eine Situation, in der die Straße von Hormuz zugemacht werden könnte. Das würde unsere Energieversorgung lähmen und ich sehe auf die Weltkarte als Alternative zum nahen Osten nur den europäischen Osten. Ich widerspreche jetzt nicht, das ist nur eine andere Strategie, Russland und Zentralasien. Die Preise werden durcheinander purzeln im Falle einer solchen Krise. Wir wissen nicht, was ein Krieg im Iran auf den Weltmärkten für Preisstürze oder Preisexplosionen anstoßen würde.

Und noch eine andere Sache. Ich glaube, wir sollten auch nicht naiv der Meinung sein, dass die russische Seite nur die Europäer als Konsumenten hat. Wir haben vor 2,3 Jahren darüber gelacht, als Experten aus Russland sagten, es würden Pipelines nach **China** gelegt werden. Wir haben gemeint, das sei unmöglich; heute sind die Pipelines gelegt. Die Chinesen sind die großen Akteure in Zentralasien und Russland und ich würde mich wirklich nicht wundern, wenn das passiert, was früher für unmöglich gehalten wurde: dass die Russen sich vom Konsumentenmarkt in Europa abwenden und sich langsam

Richtung Zentralasien orientieren. Da schauen wir dann in die Röhre und das sind Fragen, die in diese große strategische Debatte hineingehören.

1.6 Medienbild

Hat sich das mediale Ansehen Russlands im letzten Jahr verändert? Ist in Zeiten der Euro-Krise das ‚Russia-Bashing' vorüber?

N.N.:

Ich habe mich lange mit diesem **Russia-Bashing** beschäftigt. Ich glaube, das wird es so lange geben, wie es eben kalte Krieger auf beiden Seiten gibt und so lange Vorurteile und auch Misstrauen, aber auch aggressive Rhetorik das Umfeld prägen. Viele Journalisten kennen natürlich Russland nicht so tief aus eigenen Erfahrungen und wenn dann die eine Seite, die sogenannten Russia-Basher, auf Missstände hinweisen, dann ist das natürlich interessantes Material für Journalisten. Auf der anderen Seite stimme ich zu, dass die Glaubwürdigkeit gegenüber unkritischen Journalisten natürlich massiv sinkt, wenn von wirtschaftlicher Seite versucht wird, kritische Themen komplett auszuklammern. Da denke ich, dass es die Aufgabe der politischen Stiftungen in Russland sein muss, zwischen diesen Welten zu vermitteln und zu einem nüchternen und **objektiveren Bild** auf beiden Seiten beizutragen.

Andreas Steininger, Hochschule Wismar, Ostinstitut Wismar e.V.:

Eine kurze Anmerkung, auch als Erfahrung bei der Vorbereitung dieser Veranstaltung. Wenn Sie Reporter oder **Journalisten** anschreiben, erhält man häufig den Hinweis, man müsse doch auch schlecht über Russland schreiben, man müsse auf die Missstände hinweisen, die kalten Krieger säßen da. Es gibt keinen, der mal zu so einer Veranstaltung kommt, um die Themen objektiv zu beleuchten. Die Frage ist, inwieweit medial ein sehr düsteres Bild von Russland gezeichnet wird. Und wenn Sie jemand anderen fragen, sei es FAZ oder Handelsblatt, alle im selben Tenor: Nein, das Thema wollen wir nicht. Eine definitive Absage, nicht eine Absage aus Langeweile oder weil man keine Zeit hat, sondern man will das Thema nicht.

Otto Luchterhandt, Universität Hamburg:

Ich habe mir für diesen Zweck die Zeitungsartikel aus der Neuen Züricher Zeitung und aus der FAZ seit Anfang Mai hier in meine Mappe gelegt und auf der Herfahrt noch mal durchgearbeitet. Ich kann dazu nur Folgendes sagen: Wir müssen einen **Unterschied** machen zwischen der Berichterstattung im politischen Raum und der Berichterstattung im wirtschaftlichen Raum sowie in Finanz- und Energiefragen. Und hier gibt es eine sehr ausgewogene Berichterstattung zu den beiden letzten Themen in den NZZ, die ich für hochkompetent und für ausgesprochen sachlich halte.[23] Sie ist für aktuelle und potenzielle Anleger außerordentlich wichtig. Von daher ist es unverzichtbar, dass hier politische Aspekte reinkommen und wir alle wissen, dass die Bereitschaft zu Investitionen in hohem Maße davon abhängt, wie stabil die Signale aus dem politischen Raum sind. Dafür sind die Weichen jetzt gestellt, allerdings, und das sagt auch aus meiner Sicht die NZZ, dass schon seit längerer Zeit ein tiefer **Widerspruch in den Verlautbarungen** und auch in den Handlungen der Putin-Administration liegt und dass dieser Widerspruch deutlich hervortritt. Auf der einen Seite die Dominanz von Staatsunternehmen oder staatlich kontrollierten Holdings, auf der anderen Seite die Notwendigkeit, und auch das ist ein Thema hier, die KMU nachhaltig zu erweitern, aufzubauen und aufzurüsten.

Ich wollte das Thema noch mal nutzen, um darauf aufmerksam zu machen, dass die russische Seite sich sehr wohl dieses Problems bewusst ist, des sogenannten Russia-Bashing, des russischen Images in Deutschland. Das war einer der wesentlichen Gründe für die Gründung des **Verbandes für die russische Wirtschaft** vor einem Jahr, der jetzt langsam an Fahrt aufnimmt. Das ist für die Russen natürlich keine einfache Veranstaltung, so einen Verband in Deutschland zu gründen, weil ein Verband eine typisch deutsche Sache ist und dass man erst einmal lernen muss, wie man mit diesem Instrument in Deutschland umgeht. Ich glaube, das ist eine sehr gute und wichtige Initiative, die sowohl vom Handelsbüro als auch von der Botschaft sehr unterstützt wird. Und ich glaube, man sollte diesem Verband dabei helfen, in Deutschland die richtigen Gesprächspartner zu finden, sowohl auf der politischen Ebene als auch in der Presse, um dieses Ziel zu erreichen. Denn es ist ein sehr langer Weg, der da beschritten werden muss. Aber der muss eben auch von den russischen Unternehmen beschritten werden und nicht nur von deutscher Seite.

Andreas Steininger, Hochschule Wismar, Ostinstitut Wismar e.V.:

Meine sehr geehrten Damen und Herren,

wir haben den ersten Abschnitt behandelt und zeitlich dabei etwas überzogen, trotz des Ehrgeizes alles just in time zu machen. Aber ich glaube, wir haben zu allen sechs Unterpunkten sehr interessante Anmerkungen von Ihnen gehört, nicht nur Fragen, sondern auch Erfahrungen. Das will ich jetzt

---

[23] Vgl. etwa Hosp Moskaus epischer Kampf gegen die Korruption, NZZ v. 29.5.2012

nicht noch resümieren, das können wir alles nachlesen. Aber ich glaube zwei Dinge sind ganz wichtig. Manche Politiker müssen wieder stärker **sensibilisiert** werden für das wichtige Thema und für Russland. Es mag ja hin und wieder auch schick sein zu sagen, da halten wir uns jetzt raus, da haben wir anderes zu tun. Ein wichtiger praktischer Punkt ist sicherlich die Visa-Frage, die man auch, jedenfalls aus meiner Erfahrung, nur politisch lösen kann. Da muss eine klare Weisung gegeben werden. Und der letzte Punkt ist glaube ich auch ganz wichtig, der gute Ruf braucht ständig Nahrung, der schlechte nährt sich von allein. Von beiden Seiten müssen große Anstrengungen gemacht werden. Sie müssen die deutschen wie auch die russischen Firmen, und Regierungen und Institutionen **zusammenbringen**. Deswegen gründen wir Verbände und machen Veranstaltungen wie die heute, um so ein wichtiges Thema nach vorne zu bringen. Ich weiß aus vielen Diskussionen, auch aus Russland, es ist für uns schwer, vieles nachzuvollziehen. Aber es gibt wohl ein russisches Sprichwort was da lautet: Russland, du wirst es nie verstehen, aber du musst es lieben.

2. Wirtschaft und Recht – Zwischen Dynamik und Langeweile

2.1 Einführungsvortrag: Andreas Steininger, Hochschule Wismar

Sehr geehrte Damen und Herren,

unter dieser Überschrift möchten wir mit Ihnen wirtschaftliche und rechtliche Fragen diskutieren. Zunächst mal die Frage des **Mittelstandes.** Es war eben schon angeklungen, dass der Mittelstand jetzt durch die Wahl von Putin möglicherweise zurückgedrängt wird. Es gab bisher eine Zweiteilung zwischen Medvedev und Putin. Putin war der Förderer der Großindustrie, der Großunternehmen, der Staatskorporativen, während Medvedev versucht hat, den Mittelstand zu fördern. Mit der Wahl Putins ist nun die Befürchtung aufgekommen, dass diese Mittelstandsinitiativen, die angestoßen wurden während der Zeit Medvedevs, wieder versiegen. Ich kann aus eigener Erfahrung sagen, dass wir mit der Vneshekonombank einen Partner hatten, der in Zusammenarbeit mit unserem Institut russische Mittelständler ausbilden lassen wollte. Das Projekt wurde lange vorangetrieben, es wurden uns große Geldmittel von der Vneshekonombank in Aussicht gestellt. Diese Bank ist das, was in Deutschland die KFW ist. Diese Mittel wurden kaum drei Tage nach der Wahl Putins gestrichen. Es war auch keiner mehr erreichbar, die Menschen die sich darum gekümmert hatten, waren nicht mehr an ihren Plätzen. Man merkte sofort, das funktioniert nicht mehr. Deshalb stelle ich jetzt die Frage in den Raum, bedeutet die Wahl Putins das **Aus für den Mittelstand** und die wirtschaftliche Dynamik in Russland. Es ist auch für die Berater nicht ganz irrelevant, weil wir dann überlegen müssen, ob wir russische Firmen haben, mit denen unsere mittelständischen Unternehmen zusammenarbeiten können.

2.2 Mittelstand oder Staatskorporativen

Bedeuten die Wahlen und insbesondere die Regierung von Putin das ‚aus' für jeglichen Mittelstand und wirtschaftliche Dynamik in Russland? Entwickelt sich die russische Wirtschaft hin zu einer Wirtschaft der Staatskorporativen?

Manfred Bruer, Bruer Consulting, OMV:

Ich glaube, dass es hier eine große Verwirrung auch in Deutschland gibt und zwar zwischen ‚Mittelschicht' in Russland und ‚Mittelstand'. Wir können davon sprechen, dass sich in den letzten Jahren eine ‚**Mittelschicht**' herausgebildet hat, die sich allerdings auf die Einkommensstruktur beschränkt. Das sind fast alles abhängig Beschäftigte, Banker, Rechtsanwälte, was auch immer, die keine Eigentümer sind. Ein **Mittelstand** als solcher, es tut mir Leid, den kann ich nicht erkennen. In Russland hat sich noch keine Gruppe von Personen herausgebildet hat, die wirklich Eigentümer sind und den Mittelstand als solchen repräsentieren. Die Mittelschicht ist durchaus politisch engagiert, der Mittelstand, da sprechen wir von ökonomischen Faktoren, von denen kann ich nicht behaupten, dass wir das heute schon haben. Da dominieren die **Staatskorporativen** und es wurde vorhin schon einmal angesprochen, dass diese die Strukturen in Russland heute bestimmen.[24] Für den Mittelstand ist es neben den Staatskorporativen sehr schwierig hochzukommen. Unter Medvedev, da hat sich eine Mittelschicht entwickelt, aber kein Mittelstand, und ich glaube, das sollte man hier noch einmal differenzieren und nicht überbewerten.

Ich glaube ganz ehrlich, dass es nicht davon abhängt, ob Medvedev an der Macht ist oder Putin, das sind Strukturen, die von unten **wachsen** müssen und die nicht wesentlich politisch vorgegeben sind.

Zu Beginn der 90er Jahre, als ich noch idealistischer war als heute, habe ich versucht, in Russland Strukturen mit zu entwickeln. Wir hatten eine Partnerschaft dort, die nicht den Begriff einer Partnerschaft eigentlich einlöste. Aber wir haben versucht zu helfen beim Aufbau eines Mittelstandes, weil wir überzeugt waren, dass dies wichtig ist. Wir haben damals in Moskau und in

---

[24] Vgl. Luchterhandt Russlands Staatskorporationen: Rechtliche und wirtschaftspolitische Aspekte, VDRW-Mitteilungshefte 49-50 2011, S. 13 – 22; http://vdrw.de/index.php/mitteilungshefte.html

St. Petersburg versucht, mit Partnerschaften und mit Handwerkskammern und Industrie- und Handelstagen etwas aufzubauen und es gibt ja auch durchaus solche Kooperationen. Aber solche Versuche sind **spurlos** verschwunden. Es hat sich wirklich gar nichts daraus entwickelt. Wir haben zwar Aktivitäten, die ich auch sehr positiv finde, von Handwerkskammern und AHKs in Russland in einzelnen Städten und Regionen. Aber die führen nicht dazu, dass etwas Adäquates, etwas Gleichartiges dort entsteht. Ich habe jetzt, wo ich schon etwas älter bin und gelassener, es in St. Petersburg wieder versucht, aber ohne Politik. Da waren die Gespräche **ohne Politik** gar nicht so schlecht. Ich hatte bessere Gespräche und intensivere, als ich sie vorher hatte. Dabei war ich auch auf einer Zusammenkunft mit einer großen Teilnehmerzahl, alles Mittelständler. In Petersburg und in der Region gibt es so etwas. Wie sie sich finanzieren, das kann ich allerdings nicht beantworten. Also ich halte es nicht für ausgeschlossen, dass sich etwas entwickelt. Aber da wachsen keine Bäume in den Himmel. Die einzige wirkliche Chance, die ich sehe, ist der Umstieg in der **Energiepolitik**. Wir haben ja durchaus Ansätze bei den erneuerbaren Energien beispielsweise, die durchaus auch **dezentrale Lösungen** nahelegen. Und das ist für Russland zwingend, dass sie dezentrale Lösungen entwickeln. Ich selbst bin, abgesehen von meinem Engagement bei RWE auch bei einem mittelständischen Geothermie-Unternehmen. Und wir sind mit der Geothermie mittlerweile unterwegs in ganz Europa. Mit Sicherheit ist Russland ein Land, das zumindest in Teilen von der Geostruktur her interessant ist für Geothermie. Geothermie ist ein klassisches Lösungsmittel, mittels dessen Sie ohne Leitungsbau wirklich dezentrale Dinge entwickeln können. Übrigens nicht nur Wärme aus der Erde holen, und zwar Tag und Nacht ohne Unterbrechung, sondern mit dem Sie auch Strom produzieren können. Wir bauen das erste Kraftwerk, das auch Strom produziert, in Bayern. Es wird im nächsten Jahr wahrscheinlich in Gang gesetzt werden. Das sind natürlich kleine Ansätze nur. Es gibt in Russland aber durchaus Unternehmen, die auf dem Feld der **erneuerbaren Energien** tätig sind. In Russland ist das eine Chance, die man nutzen könnte, um dort mittelständische Strukturen zu fördern. Die deutsche Energieagentur ist ja in Russland unterwegs und ich kann mir vorstellen, dass das ein Ansatz ist. Das setzt natürlich in Russland voraus, dass die Politik in irgendeiner Weise entsprechende positive Signale gibt.

Alexander Klochkov, DLA Piper Rechtsanwälte:

Die Frage, wie sie hier formuliert wurde, ist ein bisschen stark gestellt. Natürlich gibt es jetzt mit dem Wechsel zu Putin **kein Aus** für den langsam heranwachsenden Mittelstand. Es ist vielleicht noch eine offene Frage, ob es eine **Akzentverschiebung** geben wird. Es muss sich noch zeigen, ob die Anstrengungen, die Rahmenbedingungen für den russischen Mittelstand zu verbessern, die ja durchaus in den letzten Jahren erfolgt sind, durch Zurückfahren staatlicher Kontrollen und diverser Vereinfachungen administrativer Art, ob das weiter fortgeführt wird oder ob dem nicht mehr so viel Aufmerksamkeit geschenkt wird. Aufgrund meiner Kontakte mit dem russischen Wirtschaftsministerium und auch mit der Vneshekonombank (VEB) kann ich das nicht bestätigen. Die VEB ist weiterhin extrem interessiert, die Kooperation, die es mit der KFW seit 8 Jahren gibt im Bereich der **Mittelstandsfinanzierung**, fortzuführen, auszuweiten und mittels der Zwischenschaltung russischer Regionalbanken die Versorgung mittelständischer Unternehmen gerade mit längerfristigen Krediten zu verbessern.

Frank Schauff, Verband der Europäischen Unternehmen in Russland:

Also diese ganze Mittelstandsdiskussion mit Russland, die ist extrem schwierig. Weil die beiden Wirtschaftssysteme in Deutschland und Russland von der Struktur her völlig **unterschiedlich** sind. Das sehen Sie am Handel. Wir analysieren die Struktur des Handels, wir schauen uns an, was gehandelt wird. Russland ist ein Land, in dem zwar ein bestimmter Anteil an mittelständischen Unternehmen existieren kann, aber Faktum ist nun einmal, dass ca. 90% dieser kleinen mittelständischen Unternehmen im ganz simplen **Dienstleistungsbereich** tätig sind. Das ist der Hauptschwerpunkt bei kleinen und mittleren Unternehmen, da ist von innovativen kleinen und mittleren Unternehmen, die wir hier in Deutschland kennen, nichts zu sehen. Gestern fand wieder ein Gespräch bei Bosch und Siemens über **Zulieferer** in Russland statt. Die gibt es nicht. Es gibt keine Unternehmen in Russland, die ordentlich zuliefern können. Und man muss die Frage stellen, warum das der Fall ist. Da helfen aus meiner Sicht korrigierende Maßnahmen der politischen Seite an dieser oder jener Stelle wenig. Erstens liegt der Hauptschwerpunkt der russischen Industrie und der russischen Wirtschaft darauf, Rohstoffe zu extrahieren und zu exportieren. Das ist keine Wirtschaftsstruktur, die geeignet ist, eine Menge an mittleren und kleineren Unternehmen hervorzurufen, die als Zulieferer hilfreich sein könnten. Punkt Nummer zwei: Die **oligarchische Wirtschaftsstruktur** in Russland ist nicht zuträglich für die Entwicklung von kleineren und mittleren Unternehmen. Sollte es da in bestimmten Segmenten Unternehmen geben, die anderen Konkurrenz machen, dann gibt es Mittel und Wege, um diese Konkurrenz zu begrenzen. Ein dritter Punkt stellt die **Finanzierung** dar, die in Russland existiert. Sie schließt praktisch den Aufbau eines innovativen mittleren oder kleinen Unternehmens aus. Wie wollen Sie bei einem jährlichen Zinssatz von über 10 % und bei einer Rückzahlungsfrist von normalerweise 3-5 Jahren ein Unternehmen oder eine Investition finanzieren? Und solange diese Probleme bestehen, ist die Chance, dass sich ein vergleichbarer Mittelstand wie in Westeuropa stark eingeschränkt. Da kann man kooperieren, aber die Hauptprobleme werden aus meiner Sicht damit nicht korrigiert.

Alexander Rahr, Wintershall:

Wir sollten grundsätzlich feststellen, dass es in Russland **zwei** wirtschaftspolitische und wirtschaftsstrategische **Denkschulen** gibt. Und diese Denkschulen sind älter als der Sowjetstaat, viel älter als die heutige russische Föderation. Da gibt es auf der einen Seite die Staatslastigkeit, die **Orientierung auf den Staat**, der von oben her diese gewaltige Landmasse, 1/7 der Erde, von Moskau, von einem Zentrum her steuert. Das ist ein solches Schwergewicht, ein so gewaltiger Tanker, dass man Putin und andere seit der Zarenzeitverstehen kann. Die Modernisierung des gewaltigen Landes, der gewaltigen Wirtschaft, kann dieser Lesart letztlich nur durch starke Impulse von oben, von staatlicher Seite her kommen. Das ist auch zwischen den Zeilen des Referates von Putin auf dem Wirtschaftsforum in Petersburg zu erkennen gewesen. Er versucht deutlich zu machen, dass ein Staatskapitalismus überhaupt nicht in Betracht kommt, dass dies auch nicht die Vision seiner Administration ist. Aber es ist auch deutlich geworden, dass er nach wie vor die Hauptrichtung darin sieht, starke, vom Staat kontrollierte **Holdings** in einzelnen Branchen, und zwar in den strategisch wichtigen Branchen, zu platzieren und von da aus die Wirtschaft zu steuern. Er hat zwar gesagt, dass mit 58% der Staatsanteil an der Wirtschaft hoch ist und dass man dies reduzieren müsse. Aber dem widerspricht im Grunde sofort die gängige Praxis, insbesondere nach der Wiederwahl in seine dritte Amtszeit. Das zeigen auch Entscheidungen seit dem Jahre 2011. Ich möchte jetzt auf die **andere strategische Linie**, die jetzt – unter Vorbehalt – von Medvedev stärker repräsentiert wird, hinweisen. Es ist in der Tat die Zielsetzung, die russische Wirtschaft nicht nur zu diversifizieren, sondern auch zu **dezentralisieren**. Diese Komponente ist in der Rede von Putin auch angeklungen. Und es ist ganz interessant, er bringt diese mittelständische Problematik nicht, sie ist aber trotzdem präsent. Und zwar ist mir aufgefallen, dass der Vorsitzende von Delovaja Rossija, **Boris Titov**, der Ombudsmann hier im Unternehmensbereich sein soll. Neben dem Beauftragten des Parlaments, ein Bevollmächtigter für die Sorgen der Unternehmer. Also sozusagen zwei Ombudsmänner, die wir hier in diesem Bereich haben. Man mag mich korrigieren. Aber ich habe **Delovaja Rossija** bisher wahrgenommen als eine Organisation, die sich vor allen Dingen um den Mittelstand in einem ökonomischen Sinne kümmern möchte und auch vertreten. Und dabei sehe ich hier, in diesem Institut, dass er begründet hat, ein Signal, dass es weiter geht auf dieser Linie.

Ich möchte nachdrücklich die Beobachtungen unterstreichen, die Sie hier gemacht haben, dass zwischen Mittelstand im finanziellen Sinne und Mittelstand im wirtschaftlichen Sinne ein sehr scharfer Unterschied gemacht werden muss. Das mag traurig sein, aber das ist so. Dafür gibt es einen sehr guten soziologischen Beleg, nämlich die Auswertung der Teilnehmer an den großen Demonstrationen seit Dezember letzten Jahres durch das renommierte Levada Center. Daraus ergibt sich, dass diese neuen Leute, es sind wirklich ganz neue Leute dahin gekommen, die sich vorher nie politisch engagiert haben, dass die eben aus diesem **Finanzmittelstand** kommen, aber nicht eigentlich aus dem Bereich, den wir hier als KMU beschreiben. Uns ist hier der unternehmerische Mittelstand wichtig ist, weil es um eine strategische Perspektive der russischen Wirtschaft insgesamt geht. Ich bin da aber nicht so pessimistisch. Ich bin der Überzeugung, dass im Bereich des **E-Commerce** und der Entwicklung zu seiner Nutzung des Internets kleine und mittelständische Unternehmen auch in Russland eine reale Chance haben und das ist auch unterwegs. Ich möchte nur darauf hinweisen, dass innerhalb von 6 Jahren, von 2006 bis 2011, sich die Teilnehmerzahl am Internet in Russland verfünffacht hat. Sie ist gestiegen von 10 Millionen auf 52 Millionen Internetnutzer und dieses ist ein kommender Markt, der noch gar nicht richtig entdeckt worden ist.

Andreas Steininger, Hochschule Wismar, Ostinstitut Wismar e.V.:

Wenn wir alle der Auffassung sind, wir müssten unterscheiden zwischen Mittelschicht und Mittelstand und weiter, dass es einen Mittelstand überhaupt nicht gebe, dann stellt sich natürlich irgendwann die Frage: Warum sollen wir das überhaupt noch fördern. Warum sollen da überhaupt noch Anstrengungen in dem Bereich gemacht werden? Haben deutsche Mittelständler überhaupt Ansprechpartner vor Ort?

Florian Schneider, DENTONS:

Zum einen gibt es nicht nur einen Unterschied zwischen Mittelstand und Mittelschicht in Russland, sondern es gibt auch eine unterschiedliche Bewertung und Definition des Mittelstandes in Russland und des Mittelstandes in Deutschland. Wenn man mit der russischen Seite über Mittelstand spricht, sollte man vorsichtshalber fragen, worüber eigentlich gesprochen wird, so dass nicht aneinander vorbeigeredet wird. Zum anderen: Ich bin der Meinung, dass die russische Seite, auch die Administration ein **großes Interesse** daran hat, den Mittelstand zu entwickeln. Nicht nur die Vneshekonombank hat entsprechende Programme aufgelegt, sondern auch die Sberbank, die ein eigenes Finanzierungsprogramm für den Mittelstand anbietet. Also insofern denke ich, es wäre gut, auch mit diesen Institutionen zu sprechen, wenn man die Förderung des Mittelstandes auch aus politischer Sicht voranbringen will.

N.N.:

Meines Wissens haben alle staatlichen Banken ihre Projekte am 7. Mai eingestellt und bis jetzt haben sie die Projekte nicht wieder eingeleitet. Also das kommt noch. Schätzungsweise brauchen die ungefähr sechs Monate nach der Wahl des Präsidenten, um alles zu organisieren und denn geht es los. **Machtwechsel** heißt, man weiß nicht, wer die entsprechenden Banken weiterleiten wird, alles ändert sich. Zum Thema **Internet**. Das ist eine interessante Beobachtung. Ich war vor kurzem in einem Dorf mitten in Russland, wo es Elektrizität gibt, wo es Gas gibt, aber keine richtigen Geschäfte. Aber die Leute haben fast alle einen Internetzugang. Und die sparen beim Essen, die sparen bei der Kleidung, aber beim Internet sparen sie nicht. Das ist eine ganz interessante Entwicklung.

Andreas Knaul, Rödl & Partner:

Ich frage mich, was setzt Mittelstand grundsätzlich voraus? Mittelstand setzt einen Freiheitsraum voraus, in dem er sich entwickeln kann. Mittelstand muss nicht gefördert werden, sondern Mittelstand braucht Abschaffung von Bürokratie, braucht einen **Freiheitsraum** und dann entwickelt sich ein Mittelstand aus sich selbst heraus. Aus unternehmerischen Willen mit eben den entsprechenden Freiräumen. Dann müssen wir uns fragen: Haben wir diesen Freiheitsraum und diese Freiheit von Bürokratie, haben wir die rechtsstaatlichen Garantien, damit sich Mittelstand in Russland entwickeln kann? Wenn wir jetzt andersherum denken würden, also ein Ministerium zur Förderung des Mittelstandes, dann schaffen wir wieder eine Bürokratie und das wird nicht zu mehr Mittelstand führen. Es gibt eine ganz andere Zahl die ich gelesen habe in der Zeitung im Zusammenhang mit der Nennung des Ombudsmanns für Unternehmer, Hr. Titov.[25] Eine der ersten Forderungen von Hr. Titov war, wenn ich es richtig verstanden habe, 8000 **sogenannte Wirtschaftskriminelle** durch Amnestie aus den Gefängnissen zu entlassen. Wer sind denn diese 8000 Wirtschaftskriminellen? Das sind zu einem guten Teil doch mittelständische Unternehmer. Und wie sind die dahin gekommen? Und dann schließt sich der Kreis. Haben wir in Russland die Voraussetzungen

---

[25] Zum neu ernannten Ombudsmann für die Unternehmer vgl. Kortunov Roleof Business Ombudsman in Russia, ValdaiDiscussion Club 21.8.2012, http://valdaiclub.com/eco nomy/47900.html

und haben wir auch die gesellschaftliche Verfassung für Mittelstand? Oder haben wir nicht vielmehr ein System, das sehr stark von **Zentralismus** geprägt ist, wo alles vertraut auf Moskau? In Moskau ist das Geld, in Moskau ist alles. Und auch Gigantomanie.[26] Wenn es um Förderung von Wissenschaft und Technologie geht, was gibt es da? Nur ein Projekt über das geredet wird, eins der Lieblingsprojekte des vormaligen Präsidenten. Wäre es nicht vielleicht besser, das auf verschiedene Universitäten zu verteilen, Universitäten in Wettbewerb zu setzen? Das haben wir doch vielleicht auch ganz gut gemacht in Deutschland. Und aus dem Wettbewerb heraus dann die auszuwählen, die am besten sind, anstatt eine gigantische Bürokratie zu schaffen. Also ich bin außerordentlich skeptisch, ob wir die Voraussetzungen für einen eigenen russischen Mittelstand haben zurzeit.

Alexander Rahr, Wintershall:

Wir sollten vielleicht den Mittelstand und die Mittelschicht in Russland nicht mit der deutschen Entwicklung vergleichen. Das dauert Jahre. Ich bin gespannt, ob wir mal den Vergleich ziehen können, zwischen dem Mittelstand und der Mittelschicht in Russland mit dem Mittelstand und der Mittelschicht in **Weißrussland** und der **Ukraine**. In beiden Ländern gibt es nämlich keine Rohstoffe und da hat sich so etwas entwickelt. Aber der Mittelstand dort existiert auch nicht im Förderungsgewerbe, sondern eher im Dienstleistungssektor. Da muss ich dann wiederum sagen, das ist ja normal. Der Dienstleistungssektor war vor 20 Jahren nicht existent in diesen Ländern. Es ist klar, dass diese Korporativen, die Ende der 8oer Jahre unter Gorbatschow noch gegründet wurden, zunächst einmal auch nur im Handel tätig waren und sich dann in den Dienstleistungsbereich bewegten. Es ist ein **anderer Weg**, den der Mittelstand dort einschlägt. Nachdem Putin erklärt hat, dass Hr. Titov jetzt zum Ombudsmann für die ausländischen Unternehmen und für Investoren in Russland ernannt worden sei, ist er von einem Panel zum anderen gelaufen, und seine Aussage war, wir werden jetzt die russische Wirtschaft **von unten** aufbauen. Es kommt also Druck von unten und der Mittelstand wird gefördert. Inwieweit das alles nachher so exekutiert werden kann, ist die andere Frage. Aber er ist natürlich ein bekanntes Gesicht, er steht für den Mittelstand und deswegen ist er auch von Medvedev in diese Position gepusht worden.

---

[26] Eine Einschätzung der russischen Innovationsfähigkeit findet sich in Valdai Discussion Club Russia Development Index 2011-2012, http://vid-1.rian.ru/ig/valdai/Index_2011-2012_eng.pdf

Florian Schneider, DENTONS:

Ich war vergangene Woche in der Duma und konnte an einem Seminar zum Thema **Privatisierung** teilnehmen. Mit dem Eindruck, den ich aus diesem Seminar bekommen habe, würde ich vielleicht den Mittelstand hier nicht als Mittelstand bezeichnen, sondern eher als Unternehmertun und von Förderung des **Unternehmertums** in Russland sprechen wollen. Und da ist die Privatisierung eigentlich eine große Chance. Es ist möglich eine neue Unternehmerschicht zu bilden und je nachdem, um welche Betriebsgröße es geht, die dann eben einzuordnen in kleine, mittlere oder eben große Unternehmen. Wenn dann tatsächlich die russische Regierung die Intention haben sollte, die Privatisierung durchzusetzen und auch eine neue Unternehmerschicht zu bilden, liegt da eine große Chance. Ich stimme natürlich auch zu, dass Bürokratie abgebaut werden muss. Das sehen wir bei unseren Mandanten natürlich auch. Aber Bürokratie gibt es überall. Die Privatisierung würde nicht nur bei den großen föderalen Unternehmen stattfinden, sondern zieht sich auch durch bis in die **munizipalen Unternehmen**, also Abfallwirtschaft, öffentlicher Personennahverkehr usw. Allerdings setzt das auch wieder voraus, dass ein großes Umdenken stattfindet, in der russischen Regierung, aber auch in der russischen Bevölkerung. Mittlerweile hat die Regierung verstanden, dass man nicht nur mit dem Verlust von Arbeitsplätzen argumentieren kann, wenn privatisiert wird. Eine Privatisierung setzt auch voraus, dass komplett **neue Ansichten** bezüglich Dienstleistungen, aber auch bezüglich Wirtschaftskomplexen gebildet werden, wie man das ja auch zum Beispiel im Ruhrgebiet in Deutschland gesehen hat. Und da sehe ich momentan das größte Problem. Die Umgestaltung der russischen Wirtschaft erfordert von der russischen Regierung eine Risikobereitschaft. Kurzfristig kann die Umgestaltung negative Auswirkungen auf die Bevölkerung haben (z.B. Verlust von Arbeitsplätzen).

Ich möchte noch eine Anmerkung zum ersten Thema machen, als gesagt wurde, die Regierung bestehe aus unter 50 jährigen und das sei gut. Ich habe die Erfahrung gemacht bei dem Seminar, dass die **ältere Generation,** die bei der ersten Privatisierungswelle oder Anfang der 90er Jahre dabei gewesen ist, dass denen klar ist, dass sie Fehler gemacht haben und die Privatisierung jetzt anders erfolgen muss. Die jüngere Generation, das waren Duma-Abgeordnete, die da zugehört haben, hat bei dem Seminar nur geschwiegen und den Kopf geschüttelt. Und man konnte sehen, dass denen die Hände gebunden sind. Ich würde die ältere Generation nicht gleich in die Ecke stellen. Es gibt auch Vertreter der älteren russischen Generation, die aus ihren Fehlern gelernt haben und bereit sind, hier weiter mitzuarbeiten.

Rainer Wedde, Hochschule Wiesbaden:

Der russische Staat ist heute in Wirtschaft und Politik sehr **konsistent**. Konsistent in dem Sinne, dass die Politik vertikal organisiert ist und auch die Wirtschaft. Die großen Staatsunternehmen sind nicht horizontal organisiert, sondern vertikal. Und ich glaube, das ist auch das Problem, warum der russische Mittelstand keinen Fuß in die Tür bekommt. In dem Moment, in dem sich das **horizontal** entwickeln könnte, gäbe es auch Chancen für den russischen Mittelstand. Bei der Aussage Putins zur russischen Staatspolitik, Russland werde sich von den Knien erheben, wieder eine Rolle in der Welt spielen werde, ist sicherlich nicht daran gedacht gewesen, Russland durch den Mittelstand zu erheben. Gemeint waren die **Großunternehmen**. Und Gazprom ist ein Außenwirtschaftsinstrument von Russland wie andere große Unternehmen auch. Insofern war es nicht die erste Priorität, den Mittelstand zu entwickeln, sondern zuerst die Großunternehmen wieder auf die Beine zu stellen und sie zu einem außenpolitischen und innenpolitischen Machtfaktor zu entwickeln. Dieser Prozess ist jetzt abgeschlossen und die Zeit reif ist für etwas anderes. Aber das wird nicht die Politik bestimmen. Ohnehin wird das gesamte russische Staatsverständnis in Frage gestellt, wenn man dazu kommt, dass zwar weiterhin Staatskorporationen durchaus weiter existieren, aber begrenzt werden, nicht nur vertikal, sondern auch horizontal. Dass dadurch Möglichkeiten entstehen und sich der Mittelstand entwickeln kann. Es ist deswegen weniger ein Primat der Politik, als vielmehr ein **Primat der Wirtschaft**. Ich bin überzeugt, dass die Wirtschaft selbst sich so umorganisiert, einschließlich der Großunternehmen. Sie sind einfach dazu gezwungen, wenn sie von dieser Rohstofflastigkeit wegkommen wollen. Insofern bin ich nicht pessimistisch. Aber ich sage nicht, dass das in den nächsten zwei, drei Jahren passieren muss. Das wird evolutionär passieren. Wie bei allen Sachen mit Russland muss man Geduld haben.

Andreas Steininger, Hochschule Wismar, Ostinstitut Wismar e.V.:

Die Frage sei in den Raum gestellt. Wenn ich russischer Regierungschef wäre, würde ich wahrscheinlich gar nicht auf die Mittelstandforderung eingehen. Wozu brauchen wir eigentlich Mittelstand, wenn wir diese großen Unternehmen haben. Wir haben doch Gas, Öl?

Ulf Schneider, Russia Consulting, AHK-Moskau:

Weil es nicht mehr lange viel Wert ist. Ich würde gerne aus eigener Erfahrung noch ein paar Darstellungen machen. Ich habe ja vor knapp 10 Jahren das Unternehmen Russia Consulting gegründet mit etwa 300 Mitarbeitern. Ich kann mich dran erinnern, als ich das Unternehmen gegründet habe. Alle meine russischen Freunde haben gesagt, Ulf du bist verrückt. Oder du musst Multimillionär sein, sonst kannst du so ein Unternehmen gar nicht gründen. Du brauchst einen Koch, du brauchst eine gute Putzfrau, du brauchst einen Mercedes, du brauchst einen Fahrer, du brauchst ein super Büro. Und ich habe mir gedacht, auf all das verzichte ich, **fangen wir einfach mal an**. Und am Anfang war das Budget 50.000,- Euro. Daraus ist inzwischen ein Unternehmen entstanden mit etwa 300 Mitarbeitern. Also ich glaube, wir haben auch noch sehr viel mit **mentalen Fragen** zu tun. Es gibt sehr viele junge Leute, die befähigt sind, ein Unternehmen aufzubauen, denen aber mental noch ein bisschen was fehlt, um das, was sie können, umzusetzen. Das ist der eine Aspekt, an dem man noch ansetzen muss. Der andere ist Folgender. Auch ein Beispiel aus der Praxis. Eine gute Freundin von mir betreibt in Moskau drei Juwelierläden. Dann habe ich mal mit ihr darüber gesprochen, wie denn die weitere Wachstumsstrategie aussieht. Da sagte sie, das sei genug, 50 Mitarbeiter, darüber hinaus dürfe sie nicht wachsen. Dann werde sie das **Objekt der Begierde**. Und wir hatten heute Morgen schon ein paar Begriffe wie **Raidertum** usw.. Hier hat der Ombudsmann Titov eine sehr große Aufgabe, weil ich so etwas von sehr vielen höre, gerade kleinen, sehr engagierten Unternehmen, die 2 bis 3 Mitarbeiter haben, vielleicht auch bis zu 10. Die sagen sich, dass sie zwar das Potenzial hätten und das Wissen, aber sie es dann lassen, weil sie sich gefährdet sehen.

Dimitri Vaisband, Bundesverband der deutsch-russischen Unternehmen:

Um erfolgreich wirtschaften zu können brauchen Mittelständler zwei Dinge. Das eine ist Freiheit. Das andere ist: Sie brauchen keine grenzenlose Freiheit, sie brauchen einen **klaren Rechtsrahmen**. Insofern ist der Mittelstand auch ein bisschen der Lackmustest für die Rechtssicherheit in Russland. Und zwar meine ich nicht die Rechtssicherheit für ausländische Investoren, die sind ja in einer privilegierten Situation. Der russische Raider wird immer drei Mal nachdenken, bevor er auf das deutsche Unternehmen geht. Aber beim russischen Unternehmen nur einmal, dann geht's los. Und insofern fürchte ich, dass das Problem des Mittelstandes ein viel tiefergehendes ist. Nämlich die Frage, ob die **Rahmenbedingungen** so sind, dass sie für jemanden, der ein Start Up gründen will, auch funktionieren. Man kann natürlich viele Dinge machen und auch Know-how aus Deutschland transferieren, von Technologieparks über Industriezentren und Know-how Transfer von Hochschulen in die Praxis, was sicherlich auch nicht so funktioniert wie es vielleicht funktionieren sollte. Aber am Ende des Tages bleibt man immer bei dem Problem, kann auch der kleine Unternehmer seine Rechte am **geistigen Eigentum**, alles das was er erwirtschaftet hat, auch tatsächlich umsetzen. Da spielt sich eine ganz entscheidende Zukunftsfrage Russlands ab. Denn wenn Öl und Gas irgendwann zur Neige gehen oder sie von den amerikanischen Produzenten abgelöst werden, dann wird sich die Zukunft Russlands am Ende des Tages daran entscheiden, ob ein Start Up Unternehmen in der russischen Provinz in der Zukunft in der Lage sein wird, über 50 Mitarbeiter zu wachsen. Wenn die russische Regierung die dafür notwendigen Voraussetzungen nicht zur Verfügung stellen wird, dann wird Russland über ein von Öl und Gas bestimmtes Niveau nie hinauskommen. Wenn das gelingt, dann sind die Russen aufgrund ihres Ausbildungs- und Bildungssystems und von ihrer Mentalität her in der Lage, sehr weit zu kommen. Wenn das nicht gelingt, dann sind sie mittelfristig ein Schwellenland und kommen auch da nicht raus.

Wolfgang Clement, Bundesminister und Ministerpräsident a.D.:

Wenn ich höre, dass ein Ombudsmann zum Schutz der Unternehmerrechte eingesetzt wurde, werde ich stutzig. Ich habe in Deutschland noch nie erlebt, dass ein Beauftragter neben einem Ministerium irgendetwas bewirkt hätte, und dass in Russland ein **Ombudsmann** neben der Zentralgewalt irgendeine Rolle spielen könnte, ist für mich schwer vorstellbar. Das ist aber nur eine Vorbemerkung.

Das zweite bezieht sich auf den Mittelstand. Der **Mittelstand** braucht Freiheit, braucht Rechtssicherheit, möglichst wenig Bürokratie, das ist alles klar. Aber vor allem braucht er eines – und das ist Geld. Unternehmertun ist nämlich eine Investition in die Zukunft und dazu braucht es Geld. Und wenn ich mit der **Vneshekonombank** – mit der haben Herr Steininger und ich und auch noch andere ein bisschen Erfahrung - Verbindung aufnehme und in deren Haus komme, dann habe ich für mich das Gefühl, das ist atmosphärisch das absolute Gegenteil von Mittelstand. Ich setze andererseits ein bisschen Hoffnung in die Sberbank, weil sie sich zunehmend im Westen versucht zu engagieren, und dass es in diesem Prozess wechselseitige Auswirkungen geben könnte.

Generell wird ein Mittelstand nur entstehen können, wenn er sich regional, das heißt **dezentral**, aus den Regionen heraus entwickelt. In den Regionen kann man ja auch Banken gründen. Unser Mittelstand ist übrigens entstanden u.a. mit der Hilfe genossenschaftlicher Bankengründungen. Und eine gewisse Freiheit muss es geben, um so etwas zu gründen. Das wird in Moskau nicht der Fall sein, vermute ich, aber in St. Petersburg schon. Ich kenne darüber hinaus nicht genug, aber Nishnij Novgorod beispielsweise könnte auch eine für den Mittelstand interessante Region sein. Die waren ja schon einmal viel weiter. Es gab ja in Russland schon eine stärkere Rolle der Föderationssubjekte, als sie es heute ist. Aber das ist ein Ansatz. Und wenn man dann all die anderen Dinge hinzunimmt, also auch materielle Dinge, die sich entwickeln können, im Bereich etwa der Energiewirtschaft, dann kann dort etwas entstehen. Man sollte aber in Zeiträumen von **Jahrzehnten** rechnen, nicht von Jahren. Ein solcher Prozess muss erst einmal in Gang gesetzt werden, und das sollte sich jetzt in Russland entwickeln.

Andreas Metz, Ost-Ausschuss der Deutschen Wirtschaft:

In Russland gibt es natürlich einen **Mittelstand** und der ist nicht so klein, wie er vielleicht zu sein scheint. Es gibt eine Pharmawirtschaft, zu der ca. 200 Unternehmen gehören, wir haben eine Lebensmittelindustrie, die schon längst die Importe ersetzt hat. Und es gibt viele andere Zweige, Logistikunternehmen, das sind alles mittelständische Unternehmen. Da sich in Russland die Systeme der IHKs in den letzten Jahrzehnten nicht so gut entwickelten, gibt es weitere **Vereinigungen der russlandweit tätigen Unternehmen** und nur eine von den vier in Russland tätigen ist für die Großindustrie zuständig. Drei widmen sich den mittelständischen Unternehmen. Neben Hr. Titov, der hier und heute schon vielfach erwähnt wurde, gibt es auch andere Vereinigungen, die den Schutz der Unternehmen zum Ziel haben. Und gibt es auch die IHK. Was es in Russland nicht gibt und was für die Entwicklung eines Mittelstandes von entscheidender Bedeutung ist, sind **Branchenverbände**. Und in den Bereichen, in denen Deutschland Interesse an der Entwicklung des russischen Mittelstandes hat, wäre es vernünftig, dass deutsche Branchenverbände ein bisschen Initiative zeigen und zum Beispiel im Bereich von KFZ-Zulieferer Entwicklungen in solchen Vereinigungen in Russland mit beeinflussen.

Alexander Klochkov, DLA Piper Rechtsanwälte:

Ich denke es war gut, das so ausführlich zu diskutieren. Wenn die Ergebnisse niedergelegt sind, sollten wir sie in einem schönen Umschlag Richtung Russland auf den Weg bringen. Wir haben eigentlich alle Punkte zusammengetragen, für eine **Modernisierung** in Russland notwendig wäre. Wir haben ja von der deutschen Seite auch die Verpflichtung, dieses Thema im deutsch-russischen Kontext auf die Tagesordnung zu setzen. Im Bereich der Modernisierungspartnerschaft haben wir hier einiges **beizutragen**: Duales Ausbildungssystem, Forschung, Verbände, Rechtssicherheit, Korruption, das sind alles Themen, bei denen in Russland der Schuh drückt und insofern fand ich die Debatte sehr gut. Wir müssen sie jetzt aber auch nach Russland bringen, das wäre sehr wichtig.

Andreas Steininger, Hochschule Wismar, Ostinstitut Wismar e.V.:

Eigentlich hören wir ziemlich viele **Widersprüche** hier. Wir haben Leute, die sagen: Das klappt ganz gut, wie etwa die Herren vom Wirtschaftsministerium. Sie sagen, das klappt gut mit der Zusammenarbeit, mit der Unterstützung des Mittelstandes. Dann gibt es welche, die meinen, den Mittelstand gibt es eigentlich nicht, da muss man differenzieren zwischen Mittelschicht und Mittelstand. Dagegen regte sich wiederum Widerstand und es wurde behauptet, es gebe eigentlich doch einen ganz guten Mittelstand. Die Frage ist letzten Endes offen, wie Putin diesen Mittelstand fördern wird. Und es wurde darauf hingewiesen, dass wir eigentlich nicht so genau wissen, wie nach dem Ablauf der nächsten sechs Monate die Machtverteilung sein wird. Danach wird sich wahrscheinlich erst entscheiden, wie es sich weiter entwickelt. Aber mir würde es schwerfallen, momentan ein echtes **Resümee** aus dem zu ziehen, was Sie hier gesagt haben. Lassen Sie es mich trotzdem versuchen.

Wir sind der Meinung, dass man einen Mittelstand braucht in Russland. Und wir haben eine gewisse Vorstellung, wie Mittelstand entsteht. Zumindest gibt es eine deutsche Erfahrung, die darauf beruht, dass sich in Deutschland im internationalen Vergleich eine der höchstentwickelten mittelständischen Volkswirtschaften findet. Also da wäre ich nicht so pessimistisch. Und dann haben wir eine ganze Reihe von konstruktiven Vorschlägen. Es gibt natürlich unterschiedliche Vorstellungen, was zurzeit in Russland geschieht. Aber wie Mittelstand entstehen könnte, das ist schon klar. Die Frage ist nur, wird Putin und die Regierung diese Einschätzung teilen. Aber wenn er seine 25 Millionen Arbeitsplätze im innovativen Bereich haben möchte, dann muss er sich irgendetwas einfallen lassen. Das geht nur mit einem Mittelstand.

N.N.:

Vielleicht grundsätzlich noch mal zur demographischen Lage in Russland. Es gibt so viele Plätze an den **Universitäten**, eine entsprechende Zahl an jungen Leuten haben die gar nicht. Es gibt 1,2 Millionen freie Plätze an den Unis und gleichzeitig ungefähr 1,1 Millionen junge Leute, die die Schule beenden. Und in 2 Jahren wird das noch schlimmer. 2008 habe ich mir gedacht, warum schaut sich niemand in Russland die demographische Entwicklung an. Und plötzlich fehlt es 2009 an einer ausreichenden Zahl an Schulabgängern für die Unis. Jetzt muss man Unis schließen.[27]

2.3 Wandel des Wirtschaftsrechts und der Rechtssicherheit

Welche Neuerungen – insbesondere bei ZGB und Gesellschaftsrecht – sind in der nächsten Zeit zu erwarten? Welche Auswirkungen hat hier der Beitritt zur WTO? Ist die Rechtssicherheit überhaupt noch ein so großes Thema, wie in westlichen Medien propagiert? Könnte man in absehbarer Zeit ein Abkommen über die gegenseitige Anerkennung und Vollstreckung von Urteilen staatlicher Gerichte befürworten? Ist mit der Einführung einer Verwaltungsgerichtsbarkeit zu rechnen?

Andreas Steininger, Hochschule Wismar, Ostinstitut Wismar e.V.:

Kommen wir zum nächsten Punkt: Wandel des Wirtschaftsrechts und der Rechtssicherheit. Da kann ich auch mal eine Sache vorwegnehmen, die ich aus dem Justizministerium gehört habe. Wir hatten im Mai des vergangenen Jahres eine **Veranstaltung im Auswärtigen Amt** in Berlin.[28] Da ging es um die Frage, wie kann man die Rechtssicherheit in Russland befördern. Bei der Veranstaltung waren alle dabei, die was zu sagen haben in dem Bereich. Eine Folgeveranstaltung gab es dann nicht mehr, weil man meinte, nein wir brauchen das eigentlich nicht. Das Auswärtige Amt hat die Veranstaltung auch mehr oder weniger dem **Justizministerium** übergeben. Für das Justizministerium steht Russland momentan nicht auf der obersten Prioritätsstufe. Daraus folgt für mich die Frage: Brauchen wir noch Beratung im Hinblick auf Rechtssicherheit. Wir greifen da einem Punkt vor, den wir im dritten Teil haben. Momentan berät das Justizministerium bei der Schaffung eines neuen Sachenrechts in Russland. Aber mich interessiert natürlich Ihre Meinung dazu und auch Ihre Meinung zur Rechtssicherheit im Punkt 4. Sind die Probleme mit der Rechtssicherheit noch so gravierend, wie es manchmal kolportiert wird?[29]

---

[27] Vgl. Teichmann-Nadiraschwili Zukunftsstrategie für die russischen Hochschulen: Klasse statt Masse, Russland-Analysen v. 4.11.2011, S. 6-9; http://www.laenderanalysen.de/russland/pdf/Russlandanalysen228.pdf
[28] Vgl. aus dem Siepen Initiative des Auswärtigen Amtes zur Rechtszusammenarbeit mit Russland, DRJV – Mitteilungen 49-50/2011, S. 3-4; http://www.vdrw.de
[29] Vgl. auch Janus Rechtsprobleme für deutsche Unternehmen im Wirtschaftsverkehr mit Russland, DRJV-Mitteilungen 53/2012, S. 35-41; http://www.vdrw.de

Florian Schneider, DENTONS:

Rechtssicherheit und Beratung, für einen Anwalt, der hauptsächlich mit ausländischen Unternehmen zu tun hat, ist es ein absolut **aktuelles Thema**. Unsere Mandanten fordern von uns, jegliche Investitionen so rechtssicher wie möglich zu strukturieren. Das heißt meistens, sie so zu strukturieren, dass man sich **so wenig wie möglich** rechtlich im russischen Raum aufhält. Das bedeutet materiell rechtlich und auch was den Gerichtsstand angeht. Und das hat nicht abgenommen. Es gab einige gesetzliche Initiativen, die darauf gerichtet waren, die Rechtssicherheit zu erhöhen. Es ist auch einiges klarer geworden und sicherlich sind die Gesetze westlicher und dadurch für unsere Mandanten verständlicher und akzeptabler geworden. Aber alleine die Gesetze reichen ja nicht aus, sondern es ist die **Rechtsumsetzung** am Ende des Tages. Vor welchem Gericht wir uns befinden und mit wem wir uns auf der Gegenseite vor Gericht befinden, sind die großen beiden Themen, die noch immer in Russland existieren. Wir müssen den Mandanten leider immer noch raten, den Vertragspartner zu prüfen, nicht nur, ob er solvent ist, sondern wie er sich insgesamt im Geschäftsverkehr benimmt. Und vor einem russischen Gericht muss man eigentlich hoffen, dass man an einen Richter gerät, der objektiv entscheidet. Neben den russischen Gerichten versuchen wir auch die russischen Vollstreckungsorgane zu vermeiden, um eine Investition optimal rechtlich abzusichern.

Otto Luchterhandt, Universität Hamburg:

Also ich habe mich mit der Sowjetunion und dann 20 Jahren mit dem Recht Russlands beschäftigt. Man kann die besten Gesetze machen und die Gesetze, die Russland hat, sind nicht schlecht. Aber wenn das Verständnis für den **Geist der Gesetze** und für den rechtssystematischen Zusammenhang der Rechtsordnung und der Gesetze fehlt, angefangen bei der Verfassung und aufgehört bei irgendwelchen Detailgesetzen des Wirtschaftsrechts oder des öffentlichen Rechts, dann können Sie mit den besten Gesetzen nichts machen. Ich mache seit 20 Jahren Rechtsberatung für die IRZ-Stiftung, in Russland weniger, aber in den anderen Republiken, und es hapert hier ganz entschieden an der Qualität der **Umsetzung**. Es ist ein sehr schwieriger und langwieriger Prozess. Hier muss ein Umdenken erfolgen und dass hier **Putin** in seiner Rede in St. Petersburg zum Wirtschaftsforum den Finger auf die Wunde gelegt hat, ist ein ganz entscheidender Punkt. Es geht darum, dass die Unverletzlichkeit des Eigentums, er drückt sich ganz klassisch verfassungsrechtlich aus, dass das Privateigentum geachtet wird. Daran krankt es und er stellt das in Zusammenhang mit der Korruption. **Korruption** ist das Problem Nummer eins als Modernisierungshindernis Russlands. Und in diesem Zusammenhang spricht er direkt das Problem, die Sorgen der Unternehmer an, die eben durch die Korruption in der Bürokratie, aber auch in den Gerichten in Schwierigkeiten geraten. Die Korruption hängt wiederum mit der **Rechtssicherheit** zusammen. Wenn Sie ein Urteil zu Ihren Gunsten kriegen und sie können damit nichts machen, weil es andere Instrumente oder Institutionen gibt, die die Rechtskraft des Urteils durchbrechen, dann haben Sie gar keine Chance. Und es kommt dann das raus, was hier zurecht gesagt worden ist, dass derjenige, der seinen Kopf zu weit aus der Masse der Kleinunternehmer herausstreckt, dass der vor der abschöpfungsorientierten Bürokratie, der Begehrlichkeit dieser Staatsbürokratie unterliegt und Opfer wird. Die Antwort darauf ist Rechtssicherheit. Aber sie herzustellen ist in einem solchen Umfeld äußerst schwierig, wenn man nicht grundsätzliche Veränderungen vornimmt. Dazu gehören **Dezentralisierung** und ein Abbau der Bürokratie, aber das ist sehr schwer. Aber das bedeutet eben auch Kompetenzverlagerung nach unten und Stärkung der **Unabhängigkeit der Gerichte**. Hier ist ein Punkt, den ich anfügen möchte. Man muss die Macht der Gerichtsvorsitzenden maximal einschränken. Man muss bis zum gesetzlichen Richter kommen. Das ist das allerschwerste, die Gerichtsvorsitzenden sind die Schaltstelle für die Exekutive, in der Feinsteuerung der Prozesse und Urteile nach unten.

Florian Schneider, DENTONS:

Es gibt in Russland die Gewaltenteilung. Die Grenze der Unabhängigkeit der Gewalten wird durch das Strafrecht gesetzt. Daher ist das Strafrecht nun einmal das Recht, das im Endeffekt die wirtschaftlichen Tätigkeiten regeln soll. Und da ist die **Staatsanwaltschaft** gefragt. Wenn die Staatsanwaltschaft in Russland unabhängig und objektiv arbeiten würde, würde das extrem viel helfen.

Gerd Lenga, Unternehmensgruppe Knauf in Russland:

Ich meine, wir setzen zu spät an. Natürlich ist es eine Frage der Rechtsanwendung und nicht der Gesetze. **Die Gesetze sind in Ordnung.** Ich würde gern wissen, was der Hr. B. ändern will. Eine Notwendigkeit sehe ich nicht. In unserer Gruppe haben wir in Russland 45, 48 juristische Personen, 3500 Vertragspartner und arbeiten mit denen zusammen. Da kann ich nur sagen, wir sind fast nie vor Gericht. Entweder haben wir eine exzellente Rechtsabteilung oder es ist ein Zufall, kann ja auch sein. Man muss gar nicht vor Gericht landen. Wenn wir etwas vor Gericht austragen, dann ist es meistens was mit der **Steuer**, und das mit einer exzellenten Prozessstatistik für uns. Im zivilrechtlichen Bereich fast nichts, da ist es eine Frage der **Partnersuche**. Da ist es wie in der Ehe, entweder ich guck mir alles vorher an oder ich unterliege da dem Eindruck der höchsten Macht und dann könnte es halt hinterher auch schief gehen. Das ist keine Frage des Rechts, das ist eine Frage der Partnerbeziehungen. Natürlich ist Rechtssicherheit wichtig, aber die kommt von was ganz anderem, die kommt von dem Problem des **Rechtsbewusstseins**. Wenn sie mal schauen in der Literatur Russlands, und die studiere ich auch schon seit über zwanzig Jahren, da werden sie den Begriff des Rechtsbewusstseins praktisch nicht finden. Langsam kommt es auf, der Botschafter hat vor einem Jahr zum ersten Mal das Wort in den Mund genommen. Zumindest habe ich es damals das erste Mal von einem Politiker gehört. Das gibt es in Russland, sagen wir, in einem noch förderungswürdigen Ausmaß. Um es ganz milde zu formulieren. Wenn Sie sich umschauen und in diesem Land leben, dann sehen Sie, dass diese Unterscheidung zwischen **Gut und Böse**, die man normalerweise durch die Erziehung mitbekommt, so nicht gelebt wird. Ich sehe jeden Tag, dass sich Unrecht auszahlt. Das sehe ich jeden Tag auf der Straße. Wie soll da das Rechtsbewusstsein wachsen, das hinterher garantiert, dass die Gesetze so angewendet werden, wie sie eigentlich intendiert waren? Für mich sind die meisten Gesetzesprojekte, die ich so lese, Feigenblätter. Wir machen ja was, wir bewegen uns ständig weiter'. Aber das Grundlegende, das Bewusstsein darüber zu fördern, was eigentlich Recht ist und was eigentlich Unrecht im moralischen Sinne, das sehe ich leider kaum behandelt. Wenn ich deshalb gefragt werde, wo wir beraten sollten, dann würde ich sagen, wir müssten mindestens 2000 Wirtschaftsanwälte nach Russland schicken und würden die mal 2 oder 3 Jahre da arbeiten lassen. Dann kämen wir mal langsam in der Wirtschaft zu Verhältnissen, bei denen man sagen kann, jetzt hat sich da langsam ein Bewusstsein durchgesetzt, jetzt wird gearbeitet. Vorhin ist schön gesagt worden, dass der Mittelstand aufpassen muss, ab 50 Mitarbeiter wird's gefährlich. Da darf ich Ihnen mal sagen, dass in der **kriminologischen Literatur** die Anzahl der Mitarbeiter, die sie haben dürfen, um nicht gefährdet zu werden, bei sieben definiert wird. Nicht mit 50, das wird in der kriminologischen Literatur so beschrieben. Das heißt, wir sind bei einem ganz anderen Level, wenn sie kaum den Kopf heben, dann sind sie schon ein Objekt der Begierde. Und das ist keine Frage der Rechtsanwendung, sondern das ist eine Frage des Verständnisses. Da hat einer eine gute Idee, mit der kann man Geld verdienen, also kassiere ich den ein. Und wenn ich gestern im Kommersant lese, dass ein Korruptionsfall im Ministerium für Katastrophenschutz oder wie man es nennen will, aufgedeckt wird, das aber trotzdem der Mitarbeiter in seiner Position bleiben darf, anscheinend aufgrund eines Anrufes von oben, dann ist das auch keine Frage der Anwendung des Rechts, dann ist das auch keine Frage der Qualität der Gesetze. Das ist die Frage, gibt es Böse oder gibt es

Gut. Gibt es einen Maßstab über dem Recht wie bei uns, der hierfür Entscheidungsgrundlagen bietet wie man sich zu verhalten hat und wie nicht.

Andreas Dippe, Derra, Meyer & Partner Rechtsanwälte:

Vielen Dank, aber damit schlagen Sie natürlich sehr in die Kerbe der negativen Presse, die es ja in Deutschland gibt.

Gerd Lenga, Unternehmensgruppe Knauf in Russland, OMV:

Das tut mir Leid, wenn ich da in eine gewisse Kerbe schlage. Deshalb habe ich auch gesagt, wir arbeiten, wir machen einen Umsatz von einer Milliarde, wir arbeiten mit 3500 Vertragspartnern und wir haben praktisch keine zivilrechtlichen Streitigkeiten. Deshalb zu sagen, dass man in Russland nur arbeiten können, wenn sie jeden Tag vor Gericht ziehen und dann müssen sie bestechen, den Richter bestechen, diese Aussage ist aus meiner langjährigen Erfahrung falsch. Hier hat sich etwas **gebessert,** das ist überhaupt keine Frage. Die Qualität der Gesetze ist gut, früher hätte ich gesagt ausreichend, mittlerweile würde ich sagen gut bis befriedigend. In der ersten Instanz ist es schwierig mit der Rechtsanwendung. In der zweiten, in der dritten Instanz bekommen sie **exzellente Urteile,** vor allem im Steuerrecht. Nur bei den Fällen, die von der Presse aufgegriffen werden, es sind ja meistens Einzelfälle, da kommt es zu Fehlurteilen, die man natürlich nicht übertragen kann auf das ganze Rechtssystem. Wenn wir aber das Rechtssystem noch verbessern wollen, dann dürfen wir nicht ansetzen bei den Gerichten, dann dürfen wir nicht ansetzen bei dem Gesetzgeber, sondern dann müssen wir einsetzen bei der Moral.

Andreas Dippe, Derra, Meyer & Partner:

Was man unterscheiden sollte ist das Zivilverfahren vom Strafverfahren. Im **Strafprozess** sind die Probleme gravierender. Die Frage ist nur, was kann man von deutscher Seite aus machen, wenn Deutsche in Probleme geraten in russischen Strafverfahren. Ich hatte letztes Mal von einem Fall berichtet, in dem wir einen deutschen Unternehmer, der zu neun Jahren Haft verurteilt wurde, betreut haben. Wir haben ein **Überstellungsverfahren** eingeleitet, mit dem Ziel, dass der Mandant, der in Russland verurteilt wurde, seine Haftstrafe in Deutschland absitzt. Das Verfahren hat sich über zwei Jahre hingezogen, teilweise auch aufgrund eines, aus unserer Sicht, langsamen Abarbeitens auf Seiten der deutschen Behörden. Jetzt haben wir den zweiten Fall. Der Deutsche wurde in Russland in der ersten Instanz zu 14 Jahren Haft verurteilt, die zweite Instanz hat es auf 12 Jahre herabgesetzt, wir betreuen das

Überstellungsverfahren. Von deutscher Seite kam keine Initiative, ihn während des Strafverfahrens nach Deutschland zu holen, um das deutsche Strafverfahren anzuwenden. Es wäre gegangen, aber die Staatsanwaltschaft Berlin hat sich geweigert. Alle haben sie gesagt, okay wenn das Urteil im Raum ist, dann kümmern wir uns um das Überstellungsverfahren, so schnell wie es geht. Diesmal ist nicht das Baden-Württembergische Justizministerium, sondern der Senator der Justiz in Berlin zuständig und **es passiert nichts**. Es wird eine Anfrage gesendet und dann legt man die Sache auf Wiedervorlage und in drei Monaten schauen sie dann wieder nach. Der Deutsche sitzt in russischer Haft und von deutscher Seite werden keine angemessenen Anstrengungen unternommen, die im Vorfeld in Aussicht gestellt wurden, um diesen Menschen nach Deutschland zu holen. Also das scheint mir auch von deutscher Seite ein Fall von Berührungsangst zu sein. Das kann man keiner Familie vermitteln, welche Zeit vergeht bei einem Überstellungsverfahren.

Alexander Klochkov, DLA Piper Rechtsanwälte:

Ich will etwas Positives sagen über das neue Zivilgesetzbuch. Das neue Zivilgesetzbuch wird den **guten Glauben** einführen. Verpflichtungen aus Verträgen sind in gutem Glauben auszuführen.[30] Was wichtig zu verstehen ist zu der Qualität der Gesetze: Es gibt Gesetze für einfache russische Unternehmen, die sind völlig ausreichend. Man kann problemlos eine GmbH gründen, sehr schnell, vielleicht sogar schneller als in Deutschland mit weniger Geld. Man kann alle Anteile übertragen, das ist alles sehr sicher aus russischer Sicht. Nur wenn man ein Joint Venture machen möchte mit Ausländern, dann können Sie das vollkommen vergessen. Ich kann jetzt nicht sagen, wie man ein Joint Venture in Russland machen kann. Wir können weder normal **GmbH-Anteile** verkaufen, noch einen Vertrag über Aktien abschließen. Und wenn Sie deutsches oder ausländisches Recht wählen möchte, geht das auch nicht, also werden sie am Schluss bei keiner Rechtsordnung landen. Man nimmt zwar die deutsche Erfahrung und macht ein tolles GmbH-Gesetz, alles abgeschrieben wunderbar. Aber was die wichtigste Klausel betrifft, die Übertragung der Anteile, was macht man? Man legt fest, dass die Anteile mit einer notariellen Beglaubigung des Vertrages übertragen werden. Was bedeutet das? Das hat zur Folge, dass aufschiebende Bedingungen nicht

---

[30] Das entsprechende Gesetz, das den ersten Abschnitt des ZGB novelliert, wurde am 30.12.2012 verabschiedet und tritt am 1.März 2013 in Kraft. Gemäß dem neu formulierten Art. 1 Abs. 3 ‚müssen die Teilnehmer bürgerlicher Rechtsverhältnisse bei der Begründung, der Ausübung und dem Schutz der bürgerlichen Rechte in gutem Glauben (dobrosovestno) handeln'. Zur Novelle des ZGB siehe auch www.ostinstitut.de

möglich sind. Man kann in den Vertrag keine Bedingungen mehr reinschreiben „du musst das, das, das machen" und erst dann werden die Anteile übertragen, das geht jetzt nicht mehr. Und die Struktur, Anteile an einer GmbH zu verkaufen, sie sind so kompliziert momentan und nach der letzten Gerichtsentscheidung vom Februar ist auch das nicht mehr möglich. Also für internationale Verträge ist das ganz schlecht. Die Qualität der Gesetze für die Kreierung eines internationalen Wirtschaftszentrums ist **vollkommen unzureichend**. Wenn man sogar mit einem einfachen GmbH-Gesetz nichts machen kann, was soll man dann mit höchstkomplizierten Geschäften, das ist also schon ein Problem.

Wolfgang Clement, Bundesminister und Ministerpräsident a.D.:

Wenn ich höre, in Russland sind die Gesetze gut, also einigermaßen bis befriedigend, aber die Anwendung und die Moral stimmen nicht, dann ist die Frage, was wir beitragen können, diese Schieflage zu ändern? Und da habe ich eine Erfahrung, die wir Deutsche mit China gemacht haben. China hat auch eine wohl angemessene Gesetzgebung auf dem Gebiet des Patentschutzes. Nur kann oder kommt diese Gesetzeslage in den Regionen nicht oder unzulänglich zur Anwendung. Was findet deshalb dort statt? Es finden statt Seminare, ein Austausch, Kooperationen mit chinesischen Richtern. Wir laden Richter aus China nach Deutschland ein, um mit ihnen gemeinsam am Patentrecht zu arbeiten. Ich meine das nicht im Sinne von Belehrung, da muss man sehr Acht geben. Was ist eigentlich mit den **Anwaltsorganisationen**, was ist mit den **Richterorganisationen** in Deutschland, die einmal eine entsprechende Initiative ergreifen und auf diesen Gebieten in einen Austausch mit ihren russischen Kollegen treten könnten. Ich weiß nicht, ob es das gibt, aber es wäre sicherlich sinnvoll, wenn man versuchen würde, etwas in kleinen Schritten zu verbessern.

Ulf Schneider, Russia Consulting, AHK-Moskau:

Das **Steuerrecht** ist ein interessantes Beispiel. Heute können wir davon sprechen, dass 70–80 % aller Urteile zugunsten des Steuerpflichtigen ausfallen. Also gegen das Finanzamt. Und die Entwicklung zu mehr Rechtssicherheit in Steuersachen kam sehr stark durch die **Richter**. Es gibt zwar keine Finanzgerichte wie in Deutschland, es gibt ja die Wirtschaftsgerichte. Aber es gibt Richter, die sich auf das Steuerrecht spezialisiert haben und die, so scheint mir, irgendwie den moralischen Ansporn haben, dass sie Urteile fällen, die der Sache gerecht werden. Und ich glaube, da kann man in der Tat davon sprechen, dass Richter hier eine ganze Menge erreicht haben. Inzwischen pflanzt sich das auch so fort, dass auch die **Finanzverwaltung** objektivere Steuerbescheide erlässt als noch vor 5 oder 10 Jahren. Hier haben wir eine Entwicklung zum Besseren, das stimmt doch sehr positiv. Übrigens kann Deutschland hier sogar noch was lernen von Russland. Wenn wir durch drei Gerichtsinstanzen durchgehen wollen im Steuerrecht, dann dauert das in Russland in der Regel nicht länger als **ein Jahr**. In Deutschland haben wir zwei Gerichtsinstanzen, das Finanzgericht und den Bundesfinanzhof, da kommen Sie nicht in einem Jahr durch.

Gerd Lenga, Unternehmensgruppe Knauf in Russland, OMV:

Ein Investitionshindernis im Steuerbereich ist das deutsche Außensteuerrecht. Stichwort **Produktionsverlagerungsbesteuerung**. Dort ist Regelung enthalten, dass für den Fall, dass ich die Produktion, die ich mal in Deutschland hatte, ins Ausland verlagern will, in Zukunft in Russland besteuern muss, weil ich da die reale Produktion habe. Und ich zahle auch noch in Deutschland für die ehemals und jetzt mittlerweile verlagerte Produktion. Dieser unsinnige Paragraph im Interesse des deutschen Fiskus, das ist ein Investitionshindernis für einen Mittelständler, der vorher nach Russland exportiert hat und jetzt produzieren will.

2.4 Energiekooperation und erneuerbare Energien

Lassen sich Gründe erkennen, weshalb der Deal zwischen Gazprom und RWE scheiterte? Welche Vertragsstruktur wäre zukünftig zu empfehlen? Spielen erneuerbare Energien in Russland überhaupt eine Rolle?

Andreas Steininger, Hochschule Wismar, Ostinstitut Wismar e.V.:

Ich würde gerne jetzt noch mal auf die **Energiefrage** eingehen. Ich habe die letzten beiden Fragen in dem Fragenkomplex, Energiekooperation und erneuerbare Energien genannt. Wir hatten gestern auf der Wegweiserkonferenz ein Panel, bei dem es um die Frage ging ‚wie kann man mit Russland dauerhaft eine Energiekooperation aufbauen'. Und die letzten beiden Fragen zielen genau auf diese Problematik: Wie kann man es schaffen, gerade nach dem Atomausstieg Deutschlands, eine dauerhafte Kooperation mit Russland zu schaffen. Sowohl auf staatlicher als auch auf privatwirtschaftlicher Ebene. Vor diesem Hintergrund ich möchte Ihnen Hr. Wessling vorstellen. Er wird uns einen kurzen Vortrag halten im Hinblick auf die Tätigkeit seines Unternehmens, vor allem im Hinblick auf erneuerbare Energien. Hr. Wessling, Sie haben das Wort.

Detlef Wessling, e.on Ruhrgas:

Ich werde hier über **dezentrale Energieversorgung** reden. Vielleicht steigen wir gleich mal in die Folien ein und dann sehen Sie, was der Hintergrund für unsere Aktivitäten ist. Also wenn man sich in Russland aufhält wird einem auffallen, dass es bei der Energieeffizienz zu aller erst an der Verteilung mangelt. Wenn man sich die Fernwärmesysteme ansieht, von der Erstellung über den Großraumtransport bis hin zur Verteilung, und dann auch die Verwendung in den Häusern mit einbezieht, dann stößt man auf eine große Energieverschleuderung. Der Lösungsansatz, den wir uns überlegt haben, besteht darin, dass wir vorschlagen, als Energieerzeuger nicht mehr die großen Kombinate haben, sondern mit der Energieerzeugung direkt zu dem Verbraucher zu gehen, um den dazwischen liegenden Energietransport als Quelle der **Ineffizienz** zu vermeiden. Wenn man sich ansieht, wo in Russland Energie verloren geht, und wir reden jetzt im Wesentlichen über Wärmeenergie, dann gehen alleine bei der Erzeugung und bei den Großtrassen 10 % der erzeugten Wärme verloren. Wenn Sie dann in die Verteilungsnetze gehen, dann sehen Sie, dass Sie dort weitere 20% verlieren. Wenn Sie eine Zahl lesen wie diese: 80-mal im Jahr wird das Wasser in den Wärmetransportnetzen ausgetauscht. Das heißt also, alle vier Tage ist das gesamte Wasser was sie aufbereitet haben und zum Wärmetransport eingebracht haben, schon wieder raus aus dem Netz. Wenn Sie sich das ansehen, dann sehen Sie, dass der Transportweg das große Problem darstellt. Daraus ergibt sich, dass man mit **KWK Anlagen**, bei denen man nur noch das Gas bis vor die Haustür transportiert, die Energieeffizienz deutlich steigern könnte. KWK Anlagen, die dann eben nicht nur Wärme erzeugen, sondern auch den Strom dazu, der in den Häusern gebraucht wird. So war unsere Überlegung, bevor wir einstiegen.

Es gibt genügend **Geldquellen,** aus denen man Investitionen für die KWK Anlagen generieren könnte. Man braucht die Transportwege nicht mehr, man braucht sie nicht zu erhalten. Man wird effizienter mit seiner Energieanwendung ganz generell. Das heißt also, wenn das ganze System funktionieren würde, wäre es eine super Geschichte und sowohl für die Kommunen, die heute für die Wärmeversorgung zuständig sind, als auch für die investierenden Unternehmer, die dann Gewinne einfahren könnten. Es funktioniert aber heute leider nicht, da sind wir wieder beim **rechtlichen Rahmen**. Der Wärmemarkt ist überreguliert. Das heißt, dass sich keine Gewinne erzielen lassen für einen Investierenden. Aber die **Strompreise** sind deutlich stärker am Markt orientiert. Der Modernisierungsbedarf bei den Stromerzeugern ist ebenfalls vorhanden und was wirklich ein ganz großes Thema ist: Die Stromversorgung ist nicht verlässlich. Viele Produzenten warten darauf, dass sie permanent produzieren. Es geht aber nicht, weil die Übertragungsnetze in der Stromwirtschaft nicht ausreichend reliable sind. Heute ist unser Ansatz, dass wir vor Ort Strom erzeugen und das bisschen an Wärme, was man dann sinnvoll anwenden kann, kann man zur Wärmeeffizienzsteigerung erzeugen. Aber der **Effizienzsteigerungsansatz** ist nicht der, mit dem man heute in Russland Geschäfte machen kann. Nur die Verlässlichkeit der Stromversorgung und die extrem hohen Stromkosten, die heute in Russland bestehen. Die Preise bewegen sich in einer ähnlicher Größenordnung wie die in Deutschland. Wenn man berücksichtigt, dass Gas dort ein deutlich geringerer Kostenfaktor ist als in Deutschland, dann sind die Gewinnspannen dort in Russland bei der Stromerzeugung doch viel höher. Leider muss man zusammenfassen, dass der derzeitige gesetzliche Rahmen es nicht zulässt, dass man auch noch die ganzen Effizienzpotenziale, die da vorhanden sind, ausschöpft.

Andreas Steininger, Hochschule Wismar, Ostinstitut Wismar e.V.:

Vielen Dank, dass Sie sich hierher bemüht haben. Es ist ja wirklich so, wenn man das Wort Russland in den Mund nimmt, fällt meistens das Wort Energie. Und dann stellt sich natürlich die Frage, wie können deutsche Investoren da teilhaben? Was würden Sie sagen, wenn Sie ein **mittelständischer Unternehmer** in dem Bereich Energieeffizienz wären? Was würden Sie Unternehmen, die auf dem Feld der Energieeffizienz tätig sind, empfehlen?

Detlef Wessling, e.on Ruhrgas:

Ich hatte vorgestern noch das Vergnügen, mit einem stellvertretenden Minister aus dem Energieministerium zu sprechen. Er sagte, auch in Russland sind Investitionen in die Energieeffizienz wie Fenster abdichten usw. mit **Amortisationszeiten** von 10 bis 15 Jahren zu erwarten. Das ist nicht wirklich attraktiv. Und das, wovon ich eben sprach, da stehen Amortisationszeiten von 1 ½ bis 5 Jahren im Raum. Das sind dann doch schon deutlich andere Zahlen. Und warum man in Russland vielleicht doch in Produkte investieren könnte, die für uns mit Energieeffizienz verbunden sind, ist einfach **Komfortgewinn**. Viele Bürger, die in Russland heute noch in den großen Wohnblocks leben, und die damit leben müssen, dass es im Winter durch Ihre Wohnungen pfeift und die ihre Wohnungen einfach nicht warm bekommen, die würden sich den Komfort leisten. Deswegen ist es von unserer Seite aus möglich, in diesen Bereich zu investieren. Aber eine Wohnungsbaugesellschaft in Russland wird nicht dahingehen und ihre Wohnungen aus Effizienzgründen sanieren, sondern bestenfalls aus Komfort. Von unserer Seite kann man vielleicht Geld verdienen, wenn man die Produkte liefert, aber man kann nicht investieren in das Gesamtergebnis Energieeinsparung.

Matthias Klein, FINOW Rohrsysteme GmbH:

Also ich kenne die Energieproblematik in Russland von der Ölseite aus den 90er Jahren und habe in der letzten Zeit mehr die Wärmewirtschaft kennengelernt. Als Ingenieur und als Lieferant von Ausrüstungen für russische Großkonzerne. Früher waren es Raffinerien, jetzt sind es die Betreiber von Kraftwerken. Und ich habe beobachtet, dass es seinerzeit relativ schwierig war, nach Russland Technik zu verkaufen, weil eben die **Energie kaum gemessen** wurde. Das war seinerseits auch bei Benzin schon so, dass die ganzen Messeeinrichtungen sehr ungenau gewesen sind. Es wurde wahnsinnig viel verschleudert, wahnsinnig viel schwarz verkauft über die Kanäle und deswegen war es recht schwierig auf den Markt zu kommen. Es ist uns aber am Ende aber doch gelungen, weil in dieser Branche bei jeder Investition der Gewinn sofort zu errechnen war. Ich stelle ordentliche Zähler hin und dann bekomme ich auch das Feedback und kann Geld verdienen. In der Wärmewirtschaft ist ja der Zustand so in Russland, dass an den Kraftwerken mehr die Problematik hängt, dass ich riesige Regionen von Wohnsiedlungen mit Wärme versorgen muss, damit die Leute im Winter nicht erfrieren. In diesen Wohnsiedlungen wird seit Jahrzehnten keine Wärme gemessen. Da wird kein Gasverbrauch gemessen beim Verbraucher. Wenn ich da also rein will als Investor, müsste ich ja praktisch am Haus anfangen und das ganze Rohrsystem sanieren und umbauen. Man müsste **Messtechnik** einbauen, bis hin praktisch zum Großversorger. Also das geht bei uns innerhalb von zwei Jahren, da hatten wir Zähler in den Häusern, die früher gar nicht vorhanden waren. Diese Prozedur sehe ich in Russland aktuell aber noch nicht laufen. Also ich habe jetzt die Tage einen Freund besucht in Moskau, der hat sich in einem neu gebauten Hochhaus eine Eigentumswohnung gekauft. Was sehe ich, auch da wird kein Warmwasser gemessen Das geht da nur über Pauschalen, wie die das machen, ist mir völlig schleierhaft. Das von Ihnen entworfene Konzept unterstütze ich. Ich frage mich aber, wie ein Investor aus Deutschland das realisieren will. Die kleinen Versorger, die Familienhäuser versorgen, die machen das schon. Aber eben nicht im großen Rahmen.

Detlef Wessling, e.on Ruhrgas:

Wenn Sie von diesen Datschen sprechen, da kann man investieren. Bei denen gibt es keine Wärmeversorgung, das ist wieder ein **Komfortfaktor**. Da geht es nicht darum, dass jemand Energie einsparen möchte. Der möchte einfach den Komfort haben vom ersten Tag an heizen zu können und nicht darauf warten zu müssen, dass ihm nach drei Jahren ein verpflichteter Wärmeanbieter die Wärme dann auch liefert und er bis dahin eigentlich nicht wohnen kann. Das sind die Dinge, mit denen man heute Geld verdienen kann. Aber das sind ja nur Kleinstanlagen. Nichts, wo man sich das Ziel setzen kann, eine Anlage mit 20 Megawatt zu bauen.

Matthias Klein, FINOW Rohrsysteme GmbH:

Die großen Energieversorger sind dabei, ihre bestehenden Netze weiter am Leben zu erhalten. Ich hatte die Tage ein Gespräch mit einem sehr erfahrenen alten Ingenieur, 50 Jahre in der Firma. Der sagte: Wir haben hier ein Kraftwerk beim Kreml und das können wir nicht einfach umbauen. Tag für Tag muss da Strom und Wärme Richtung Kreml fließen, das kann nicht einfach eine Stunde aussetzen. Das heißt, selbst wenn es das Bestreben gibt, dann ist das **im innerstädtischen Bereich** ein Problem. Man hat keinen Platz für ein neues Kraftwerk. Das alte abreißen und ein halbes Jahr später ein neues hinstellen geht auch nicht. Wir sind natürlich froh darüber, dass wir mit unseren Lieferungen da drüben im Wärmemarkt ein bisschen Fuß fassen können.

Wolfgang Clement, Bundesminister und Ministerpräsident a.D.:

Erneuerbare, also auch die Nutzung von Wasserkraft oder die Geothermie, gehen natürlich nur mit **staatlicher Förderung**. So tun wir es ja auch. Wir können ja mal ausrechnen, was wir zurzeit in die Photovoltaikhineinpulvern. Es muss eine politische Entscheidung fallen, entweder auf der zentralstaatlichen Ebene oder in den Regionen. Und diese Entscheidung muss begleitet sein von massiver Förderung. Wir fördern die KWK in Deutschland ja ebenfalls kräftig, allein das Land Nordrhein Westfalen hat soeben in seinem neuen Koalitionsvertrag beschlossen, 250 Millionen zur allgemeinen Förderung hinzu zu legen, um KWK zu fördern.

Und dann würde man möglichst nicht in den großen Wohnblocks beginnen, denke ich. Ich habe auf diesem Gebiet jedenfalls einmal Erfahrungen in St. Petersburg gemacht, die waren für unsere Repräsentanten beinahe lebensgefährlich. Da gibt es Strukturen, die sind wirklich ein großes Problem. Aber auch die könnten natürlich umgebaut werden, so dass man auch in Städten mit Kraftwärmekoppelung arbeiten könnte, so wie es in Deutschland auch der Fall ist. Aber das geht nur mit klaren politischen Strukturen, mit klaren politischen Entscheidungen und Rechtssicherheit. Dann können Sie auch in Russland etwas bewirken, es würde nicht nur Geld kosten, sondern auch Arbeitsplätze bringen. Stellen Sie sich vor, Sie würden in Russland das tun, was wir hier tun, oder was die Chinesen tun, wenn sie Windenergie oder Anderes produzieren. Wann will Russland das tun? Das gehört mit in die **Modernisierungspartnerschaft** und ein bisschen ist es ja auch auf dem Weg.

Detlef Wessling, e.on Ruhrgas:

Ich weiß zwar nicht, ob es die Ansicht der gesamten russischen Politik ist, aber der stellvertretende Minister, mit dem ich vor kurzem sprach, sagte beispielsweise zu Windrädern: Habt ihr mal gesehen, wie viele Vögel da zu Tode kommen. Das heißt, seine Aussage war, dass die Anlagen eher ein **Umweltproblem** sind. Photovoltaik, klare Aussage, bedeutet eine Verlagerung der Umweltverschmutzung. Eine dritte Aussage war dann, Wasserkraft sei gut, da gehe man in den Kaukasus und mache die und die Sachen. Wo er offensichtlich dran hing war Biomethan. Wenn das die Aussage der russischen Regierung sein soll zu erneuerbaren Energien, dann ist da doch noch eine ganze Menge Potenzial zur Bearbeitung.

Jörg Kirsch, Bundeswirtschaftsministerium:

Was die Erneuerbaren angeht, so entspricht das der politische Meinung. Auch sein Vorgänger sagte, dass die Erneuerbaren eine Rolle spielen, abgesehen von der Wasserkraft und der Biomasse, weil sie da relativ viel haben, aber das war es dann auch. Die andere Seite ist, wo sie Chancen sehen, wo wir eigentlich auch Potenzial haben, ist die **dezentrale Versorgung** von kleineren Gemeinden in Sibirien. Weil es wirklich Sinn macht und es auch kostenmäßig geht. Sonst sagen sie: Wir haben Öl und Gas, was sollen wir mit den Erneuerbaren. Also das muss man einfach so sehen und ich glaube auch nicht, dass sich da was mittelfristig ändern wird. Zum Thema **Energieeffizienz**, das ja eigentlich der Schwerpunkt ist, den wir in der Zusammenarbeit mit Russland momentan haben, abgesehen von dem normalen Öl und Gasgeschäft. Da ist das Potenzial natürlich da, weil die Russen 40 % der erzeugten Primärenergie verschwenden. Ich kann Ihnen die Vorstellung wie sie eon hat, die wir eigentlich auch begrüßen, bestätigen. Aber wir treffen eben, und da kommt wieder der **Rechtsrahmen** zum Tragen, auf massive Probleme in Russland. Da die Wohnungen weitestgehend privatisiert sind, bekommen sei kein Leitungsrecht zu den Gebäuden und es gibt auch keine Strukturen für Eigentümergesellschaften. Sie finden niemanden, mit dem Sie reden können, wenn Sie da in ein Haus eine KWK Anlage reinsetzen wollen. Sie haben das Problem Komfort. Wenn Sie durch die Städte fahren, sehen Sie, dass in einigen Teilen der Wohnhäuser die Fenster schon saniert sind. Das heißt aber unter Umständen, dieses Haus hat schon **Fördermittel** bekommen und ist damit für die nächsten 10 Jahre für weitere Fördermittel verbrannt. Der ganze Rechtsrahmen, der die Sanierung der Gebäude betrifft, ist momentan immer noch extrem ungenügend.

Wir sind in Jekaterinburg und arbeiten an einem Projekt energieeffiziente Stadt, bei dem Siemens und auch andere sich die Nase schon verbrannt haben. Wir machen da weiter in der Hoffnung, dass es einigermaßen läuft, mit der russisch-deutschen Energieagentur. Aber da gibt es eben auch ein Projekt mit dem dort ansässigen Betreiber, bei dem soviel ich weiß auch eon mit im Gespräch ist. Aber der Rechtsrahmen, auf den wir treffen, ist eben noch unzureichend und dass der bisher nicht entwickelt ist, sehen wir am mangelnden Fortschritt von Projekten. Hier stoßen wir dauernd auf Fragen, die nicht geregelt sind. Auf der anderen Seite gehört dazu eine Frage, die man politisch sehen sollte, eben die Frage der Bedeutung der Energieeffizienz. Wenn wir jetzt das neue russische Energieministerium ansehen, da haben wir jetzt über das Ministerium hinaus momentan zwei große **Kommissionen** sitzen, die für den Energiekomplex zuständig sind. Und wenn ich die russische Presse richtig gelesen habe, ist es so, dass die wichtige von Putin geleitet wird und für alles zuständig ist, außer für Energieeffizienz. Das zeigt die Bedeutung, die man der Energieeffizienz zumisst. Vielleicht noch zu einem **praktischen Problem**: Kümmern Sie sich rechtzeitig um den Vertrag mit Gazprom. Das ist vielleicht nicht einfach, aber die Gasanschlüsse zu kriegen ist eines der wichtigsten Probleme, die ein Mittelständler in Russland haben kann. Das gilt auch bei Grünfeldprojekten. Da nützt ihnen die politische Zusage des Gouverneurs, Sie bekämen das Gas, nichts. In der Regel bekommen sie es erst dann, wenn sie wirklich einen Vertrag mit Gazprom oder einem der anderen haben.

Christian v. Wistinghausen, Beiten Burkhard Rechtsanwälte:

Auf dem Energieforum haben wir den Stellvertreter des Instituts für Energiewirtschaft der Russischen Akademie der Wissenschaften auf dem Panel gehabt, der in dieser Funktion auch die Regierung berät. Der hat da ganz andere Sachen gesagt, auch gegenläufige Tendenzen festgestellt, was ich ganz interessant fand. Es gibt wohl ein Konzept zu den erneuerbaren Energien in der russischen Regierung, ich weiß jedoch nicht, in welchem Status es sich befindet. Danach sieht es so aus, dass bis 2020 4,5% der Energie **regenerativ** erzeugt werden soll, wenn man die Wasserkraft raus lässt. Nimmt man die Wasserkraft rein, so sollen momentan 60% der Energie regenerativ erzeugt werden, was eine für die deutsche Wirtschaft interessante Entwicklung ist. Und da schließt sich der Kreis zu der Frage, dass das ja alles keine Einbahnstraße ist. Man sieht auch in der Praxis das Interesse russischer Energieunternehmen, Technologien im Bereich der Erneuerbaren in Deutschland einzukaufen. Und die machen das nicht einfach so, sondern weil sie auch von der russischen Regierung Rückenwind haben. Regierungsvertreter sagen den russischen kapitalkräftigen Unternehmen, jetzt schaut euch mal um, die Chinesen kaufen auch überall Technologien für die regenerativen Energien ein und das gilt auch für einige Unternehmen in Russland. Und deswegen glaube ich ist das ein Thema, was zwar noch auf kleiner Flamme läuft, aber **langfristig**, grade auch weil die Kosten der Verteilungsnetze in entlegenere Regionen sehr hoch sind, früher oder später stärker an Bedeutung gewinnen wird. Spätestens, wenn die Netze zusammenbrechen und die entfernteren Städte im Osten nicht mehr vernünftig versorgt werden können.

Detlef Wessling, e.on Ruhrgas:

Also die Dörfer in Sibirien oder die Städte im Kaukasus, die dann nicht mehr versorgt werden, das ist dann ja wieder aus dem **Komfortgedanken** heraus geboren. Nämlich wenn das nicht da ist, dann hast du eben keinen Strom und keine Wärme während des Winters und von daher ist das nicht getrieben aus der Idee heraus, dass man Energie effizient erzeugt, sondern es ist das Problem dezentraler Erzeugung.

N.N.:

Hauptsache, es findet statt. Ich finde schon, dass es ein starkes Interesse aus deutscher und europäischer Sicht gibt für den Teil, den wir ja so außerordentlich hoch schätzen in Deutschland. Und dass man in Russland ein erweitertes Verständnis weckt und dass man den Markt dort auch langsam entdeckt. Welche Märkte wollen wir denn noch entdecken für die nächste Zeit? Der **russische Markt** ist in vielen Bereichen einer der wichtigsten und auf diesem Feld ist es auch noch ökologisch und klimatechnologisch von größter Bedeutung.

Wolfgang Clement, Bundesminister und Ministerpräsident a.D.:

Man könnte beispielsweise auch die Technologiezentren, die sich in Russland momentan wirklich rasant entwickeln, mit entsprechenden Technologien und dezentraler Versorgung ausrüsten. Und an der Stelle, wie bei allen anderen Aspekten: Es wäre von Vorteil, wenn deutsche Unternehmen sich bei der Erschließung von russischen Märkten auf irgendeine Weise **clustern**. Ich meine, dass es zum Beispiel für einen deutschen Produzenten, der in Russland Kfz-Teile produzieren möchte, von enormer Bedeutung ist, dass die energetische Versorgung für sein Unternehmen gesichert wird. Und wenn irgendein deutscher Investor die entsprechende Versorgung vor Ort in

Zusammenarbeit mit russischer Technologie sichert, ist es ein Imagefaktor für den Energiepark und ein Vertrauensfaktor für den russischen Produzenten; da passt dann alles zusammen.

Dimitri Vaisband, Bundesverband der deutsch-russischen Unternehmen:

Es ist immer ein Denken in zentralen Strukturen. Wenn wir mit Erneuerbaren in andere Länder gehen, gibt es nur die eine Frage: Die Erneuerbaren sind an sich noch nicht wirtschaftlich. Wenn Sie die haben wollen müssen Sie sie nur fördern, dann kommen sie. Wir wären mit dem Geothermieunternehmen sofort in Russland, wenn Russland sagen würde ‚wir wollen das'. Sie brauchen gar keine Zentren, wir können überall bohren, das ist gar kein Problem. Sondern die Frage ist, wann entscheidet man in Russland etwas anderes außer Öl und Gas zu wollen. Wenn wir nur Öl und Gas wollen, dann bleiben wir irgendwann darauf sitzen und dann ist es nichts mehr wert.

Wolfgang Clement, Bundesminister und Ministerpräsident a.D.:

Es gehört dazu, dass wir uns von dem Gedanken verabschieden, dass in Russland alles stets zentral entschieden werden muss. Es ist auch unsere Aufgabe, dass wir in Russland allmählich andere Akteure suchen, die Entscheidungen treffen können und dafür Verantwortung tragen.

Andreas Steininger, Hochschule Wismar, Ostinstitut Wismar e.V.:

Vielen Dank, ich werde an dieser Stelle unterbrechen, denn draußen wartet das kleine Mittagessen. Um 14.30 Uhr versammeln wir uns wieder und es folgt der dritte Tagespunkt, der wird dann von Hr. Rahr moderiert: ‚Berater und Beratene – zwischen Existenz und Strategiesuche'. Hintergrund dieses Panels ist, dass wir uns überlegt haben, lohnen sich diese Veranstaltungen noch, dieser Wanderzirkus an Veranstaltungen, die ich in den letzten Monaten hier erlebt habe, sei es von der AHK, sei es von sonstigen Vereinigungen. Wir haben so viele Vereine und man müsste möglicherweise mal für eine Zentralisierung sorgen, um eine etwas größere politische Macht zu gewinnen. Das wollen wir dann nach der Pause besprechen.

3. Berater und Beratene – Zwischen Existenz- und Strategiesuche

3.1 Einführungsvortrag Alexander Rahr, Wintershall

Meine sehr verehrten Damen und Herren,

wir gehen jetzt in die dritte Runde. Wir haben ein bisschen über eine Stunde Zeit in der wir ein ganz besonderes Thema diskutieren wollen, dass bisher auf Konferenzen und Seminaren nicht debattiert worden ist. Nämlich warum sind wie überhaupt hier. Wieso treffen wir uns hier in diesem Raum, macht das überhaupt noch Spaß oder ist Frust angesagt. Es ist ein leidiges Thema und ich möchte das mittels einiger Thesen zuspitzen, die wir dann diskutieren können. Also These Nummer 1: Das **Interesse** an Russland ist in den letzten 10 Jahren in Deutschland und auch in der europäischen Union nicht nur erlahmt, sondern fast völlig **verschwunden**. Die Gründe dafür sind vielschichtig. Ich glaube einerseits besteht eine große **Enttäuschung** bei den sich im Siegertaumel befindenden westlichen Eliten nach dem Sieg im Ost-West Konflikt. Dieser war mit der Hoffnung verbunden, dass der Weg zur Demokratie in Russland schneller gehen würde, als es tatsächlich passierte. Und aus dieser Enttäuschung wurde Wut, teilweise Aggressionen und Ablehnung. Dessen was wir nämlich heute in Russland sehen, der Weg zurück zu einem langwierigen Prozess der Transformation, der wahrscheinlich länger als zwei Jahrzehnte dauern wird. Also Enttäuschung und dadurch die Rückkehr vieler Stereotype. Die zweite These: Ich glaube wir haben als Europäer unseren Osten verloren, vielleicht aber auch aufgegeben. **Ostpolitik** ist nicht mehr existent. Es gab den Leitsatz der deutschen Außenpolitik der 70er, 80er, 90er Jahre, Wandel durch Handel, er ist Geschichte geworden. Es gibt keinen Politiker, außer Hr. Steinmeier, der dieses Wort heute noch so in den Mund nehmen würde. Grund dafür ist, ich will übertreiben, aber auch damit eine Diskussion anstoßen, dass wir uns in einer transatlantischen Gemeinschaft wohler fühlen als in einem großen Kontinentaleuropa. Vor 20 Jahren war das anders, da hat es große Hoffnungen gegeben, dass wir gemeinsam mit den sowjetischen Staaten ein gemeinsames Haus hinbekommen würden. Diese Hoffnungen haben sich nicht erfüllt. Wir sehen, dass Amerika weiterhin der Stabilitätspartner von Europa ist. Ohne die USA und den Werteclub, den wir mit der USA zusammen bilden, wie lange das so weitergeht, weiß ich nicht, fühlen wir uns sicherheitspolitisch komfortabler, als in einem Europa mit ungewissen Grenzen und ungewissen Partnern im Osten, die noch nicht in Europa angekommen sind. Gleichzeitig haben wir auch keine richtige Agenda, außer der Energiepolitik, die wir auch nicht richtig mit den Russen in den letzten 10, 15 Jahren haben aufbauen können. Wir sind uns in vielerlei Hinsicht näher gekommen, aber nicht strategisch. Und heute ist, denke ich, die Mehrheitsmeinung der europäischen Eliten die, dass man vielleicht ein erweitertes Europa braucht im Osten des Kontinents. Aber wir können uns einfach nicht vorstellen, dass Länder wie Russland, aber auch die Ukraine, Mitglieder der europäischen Union werden könnten. Die beiden Pfeiler, auf denen das neue EU Europa aufgebaut wird. Natürlich müssen wir uns nicht wundern über die Anti Haltung gegenüber Europa in diesen Ländern, die Mitspracherecht haben wollen bei der Kreierung des neuen europäischen Hauses und nicht in die Institution hineingelassen werden. Wir haben in Deutschland, ich sage das, weil ich selbst die Osteuropäische Geschichte studiert habe, vor 25 Jahren in München. Wir haben unsere **Ostforschungskompetenz** im weitesten Sinne verloren.[31] Teilweise an Polen, die das jetzt weiterführen. Es sind sehr wenige Studierende der osteuropäischen Geschichte und der Slavistik in Deutschland vorhanden. Ich sehe das an den Studenten und auch an den Praktikanten, die hier in der Deutschen Gesellschaft zur Auswärtigen Politik arbeiten wollen. Zu 80% sind die jungen Leute, die an Russland interessiert sind, junge Menschen, die ihren Hintergrund in diesen Ländern haben, die mit ihren Eltern aus diesem Land ausgereist sind. Wir haben ein Überangebot an Veranstaltungen, weil natürlich viele Institutionen in den 90er Jahren und davor noch entstanden sind, die sich mit Russland beschäftigen müssen. Aber tatsächlich machen wir in der Tat alle immer dasselbe. Es gibt immer weniger Geld, die Regierungen finanzieren kaum etwas, der **St. Petersburger Dialog**, das Hauptvehikel in den deutschrussischen Beziehungen, ist in den letzten zehn Jahren völlig unterfinanziert. Die Regierung unterstützt diese Organisation mit 80.000,- Euro, allein die Jahresveranstaltung kostet 250.000,- Euro und das Geld muss, wie für vieles andere auch, die Wirtschaft aufbringen. Aber die Wirtschaft ist auch nicht mehr bereit alles zu zahlen, vor allem sieht sie auch keinen Sinn mehr darin. Große Think Tanks wie in Amerika gibt es schon lange nicht mehr, weder zur Russlandpolitik noch zu den großen außenpolitischen Themen. Dafür gibt es in Deutschland **politische Stiftungen**, die konkurrieren aber ständig untereinander um Themen und Zuhörer. Die Industriestiftungen, die früher Organisationen unterstützt haben, Projekte angestoßen haben, machen heute im Prinzip vieles selbst. Aber sie sind weniger auf die Inhalte, sondern mehr auf Selbstprofilierung aus. Und deshalb auch die Frustration in der wir uns, denke ich, alle befinden. Ich vermisse oft bei vielen Veranstaltungen, die stattfinden, strategische Themen. Ein schönes Thema kommt auf, wie jetzt der Mittelstand, und jede Organisation muss dieses Thema bearbeiten, bis es

---

[31] Dazu unlängst Schröder Über die Misere der Osteuropaexpertise, Russland-Analysen v. 25.1.2013, S.2-3; http://www.laender-analysen.de/russland/pdf/Russlandanalysen 250.pdf

dann nicht mehr interessant ist. Davor war es Hr. J., der ein Jahr lang durch alle Institute geführt wurde bis er dann keine große Rolle mehr spielte in Russland und den jetzt auch keiner mehr haben will. Ja, die Zuhörer, das ist auch eine Frustrationserscheinung bei vielen Veranstaltungen, werden immer älter. Das ist die Generation, die den Ost-West Konflikt noch erlebt hat. Die jüngeren Leute für dieses erweiterte Europa Ost zu begeistern, fällt immer schwerer. Ich sehe das bei der deutschen Gesellschaft, aber auch bei Veranstaltungen.

Die Frage ist nun ‚was tun'? Ist das die Realität, ist das die **Normalität** in der wir uns befinden? Russland ist für uns ein normaler Staat geworden mit seinen Problemen und Schwierigkeiten, interessiert uns aber nicht mehr, weil wir nicht wissen, wie wir mit dem Land zurechtkommen können und wie wir unser Europa behutsam ohne Russland aufbauen wollen. Ist das so oder wird es zu einem großen Ereignis kommen aus heiterem Himmel, wie am 11. September 2001, ein großes Ereignis, das die Politik dann wieder auf den Kopf stellt, wo wir dann plötzlich große und andere Entscheidungen treffen müssen? Und dann vielleicht auch spüren werden, dass wir mit Russland eine sicherheits-, energiepolitische, eine klimapolitische, ressourcenpolitische Partnerschaft dringend benötigen, auch zum eigenen Überleben.

Die Frage, die wir hier auf der Tagesordnung haben, ist folgende: Wer lässt sich beraten oder ist Beratung bei diesen Fragen überhaupt **noch notwendig** oder haben wir es mit einer Institution zu tun, die stagniert? Und wo sind die Ideen für ein Weiterführen der Politik Richtung Osten? Welche Beratung möchten die Unternehmen, die deutsche Wirtschaft haben von Verbänden, von Experten in Bezug auf den Osten? Braucht man überhaupt noch Institutionen wie den Ost-Ausschuss und andere Institutionen, die ja die Träger für die Zusammenarbeit gewesen sind? Oder kann jetzt jede Firma, die nach Russland will, ihre eigene Anwaltskanzlei in Moskau oder in den Regionen finden und mit der dann die Türen öffnen? Müssen wir versuchen, die Ostforschung wieder zu stärken, brauchen wir eine Rückkehr in Regionalwissenschaften, um zu verstehen, was in diesen Ländern passiert und die Welt nicht nur aus der eigenen Brille betrachten? Wie steht es um die Zukunft der Politikberatung und wer soll sie eben tun? Das sind so die zugespitzten Thesen und Anmerkungen meinerseits. Sie sehen in vielerlei Hinsicht bin ich ein Frustrierter, weil ich das alles in den Jahren davor ganz anders erlebt habe und ich habe auch ehrlich gesagt von einem anderen Europa geträumt als von dem, das wir heute haben.

3.2 Forschung und Ausbildung zu Osteuropa

Spielen Osteuropa – und Russlandforschung in Deutschland überhaupt noch eine Rolle? Was müsste man ändern, um auch der Praxis gerecht zu werden? Brauchen wir neue Studenten und Forschungseinrichtungen auf diesem Gebiet?

Christian Wipperfürth, Publizist:

Ich teile Ihre Beschreibung der vergangenen 20 Jahre, bin aber gleichwohl viel **optimistischer**. Der Trend beginnt sich zu verändern, die Zahl der Russischstudenten nimmt zu. Warum ist das westliche Interesse an Russland in den letzten 20 Jahren so gering ausgeprägt gewesen? Ein wesentlicher Grund, vielleicht der wesentliche Grund war, dass man im **Westen** das Gefühl hatte, wir können die Probleme alleine lösen. Afghanistan usw., man braucht Russland nicht, eine Abstimmung mit Russland war weniger eine Lösung des Problems, vielmehr führte es zu neuen Problemen, zum Beispiel innerhalb der NATO und innerhalb der EU. Das beginnt sich aber jetzt zu ändern. Das heißt, meine Prognose ist, die Beziehungen des Westens zu Russland werden sich **dramatisch verbessern**. Nicht in den nächsten Jahren, das wird ein bisschen länger dauern. Aber sie werden sich dramatisch verbessern, weil der Westen so stark an Kraft und Gestaltungsfähigkeit verliert und China so stark an Kraft und Gestaltungsfähigkeit gewinnt. Das heißt, im Westen wird nicht mehr die Haltung überwiegen, wir brauchen die gar nicht, sondern das Interesse wird sehr steigen. **Indizien** dafür gibt es bereits, etwa im Hinblick auf eine Art Sicherheitspartnerschaft in Bezug auf Zentralasien. Ich fand es sehr bemerkenswert, dass die USA Russland im Jahr 2010 geradezu ermuntert haben, in Kirgisien einzugreifen, was Russland dann wiederum nicht getan hat. Zurzeit gibt es einen etwas kühleren Wind zwischen den beiden Großen, aber der wird sich auch wieder legen. Der langfristige Trend, den ich glaube zu erkennen, der wird weiter wirken und wird auf Dauer zu einer **Sicherheitspartnerschaft** zwischen dem Westen und Russland führen. Die Frage ist nur, inwiefern wird Deutschland daran beteiligt sein. Denn mein Eindruck ist, dass Deutschland eigentlich kein Interesse daran hat, Außenpolitik zu machen. Zumindest wenn Außenpolitik weiter gehen soll, als sich mit griechischen Staatsschulden und Banken zu beschäftigen.

Gerd Lenga, Unternehmensgruppe Knauf in Russland:

Ich kann Ihre **Frustration** in gewisser Weise verstehen. Ich hatte, als ich Slavistik studierte, auch etwas andere Vorstellungen. Das war zu Zeiten, zu denen man in Baden-Württemberg die slavischen Seminare zugemacht hat, weil, wer Slavistik oder Russisch studiert, der war Kommunist, der sollte gleich rüber gehen. Gott sei Dank hat sich das ja zwischenzeitlich wieder etwas geändert und man beschäftigt sich auch wieder mit solchen Fragen. Ich glaube, dass die Frustration, die ich auch verspüre, dass die auch aus einer zu starken Politisierung dieser Beziehungen gekommen ist. Wenn ich mir aber anschaue, auf welchen Ebenen wir doch sehr rege Kontakte haben, dann bin ich etwas **zuversichtlicher** gestimmt. Wenn ich aus einer schon etwas älteren Studie der Bosch-Stiftung erfahren kann, dass es etwa 3000 **Bürgerinitiativen** gibt, die sich mit dem Kontakt zu Russland beschäftigen, wenn ich sehe, was im Jugendbereich zum Teil organisiert wird, dann stimmt mich das sehr hoffnungsvoll. Wir versuchen viele junge Leute nach Deutschland rüber zu kriegen oder auch nach Russland zu holen, um da ein gegenseitiges Verständnis auch von der Kultur, nicht nur von einem funktionierenden Unternehmen zu vermitteln. Dann glaube ich gibt es gute Ansätze, die es früher so noch nicht gab. Diese Frustrationen kommen wahrscheinlich daher, dass es **Institutionen** gibt, die dieses Thema für sich sehr **in Anspruch genommen** haben und uns erklärt haben, wie es in Russland laufen müsste, wie es nach ihrer Vorstellung laufen sollte. Dadurch ist dann ein Verdruss aufgekommen, weil: Wenn man dann näher in der Praxis drin war, dann hat man sich oft gefragt, von welchem Land reden die eigentlich. Da die aber andere Möglichkeiten hatten, ihre Meinung zu verbreiten, als der Otto Normalverbraucher, der selbst da drüben gearbeitet hat, hat sich eine gewisse Meinung verfestigt und diese Meinungsführerschaft aufzubrechen war sehr schwierig. Ich gehe allerdings davon aus, dass es da zu einer Veränderung kommt. Wir haben ja glaube ich das Wort Ost-Ausschuss fünf oder achtmal gehört und jeder hat wahrscheinlich im Spiegel-Online diesen fürchterlichen Artikel vom Hr. S. gelesen über den Ost-Ausschuss im Zusammenhang mit diesem Fiasko des Deutschlandjahres in Russland.[32] Da muss es natürlich zu einer Reaktion kommen. Es ist natürlich auch unsinnig, und da spreche ich jetzt mal für den OMV, dass es so viele verschiedene Ländervereinigungen gibt, die sich parallel mit ein und demselben Thema beschäftigen, nämlich mit der Förderung der wirtschaftlichen und gesellschaftlichen Beziehung zu Russland. Da kommt im Moment ein guter Zug rein, auch durch eine Veränderung der Generationen, die sich damit beschäftigen, und deshalb bin ich da etwas zuversichtlicher, obwohl ich auch diese Grundfrustration, die Sie haben, teile.

Otto Luchterhandt, Universität Hamburg:

Ich teile zu einem großen Teil Ihre Analyse oder auch Beschreibung der Probleme. Aber ich glaube, die Entwicklung und das an Russland dramatisch

---

[32] Mathias Schepp Fehlstart ins Russlandjahr: Gauck und Putin schwänzen Feier in Moskau, spiegel-online v. 21.6.2012

sinkende Interesse ist vor allen Dingen der Tatsache geschuldet, dass Russland mit großem Erfolg in den letzten 12 Jahren diese Stabilität erlangt hat, die es in den 90er Jahren nicht haben konnte. Wenn ein Imperium zerfällt, die zweite Supermacht, dann kann man nicht erwarten, dass eine Republik aus diesem Imperium sang- und klanglos gleich mit zerfällt und dann den Aufstieg wie Phönix aus der Asche erlebt. Das ist völlig klar. Von daher ist das Urteil über die chaotischen 90er Jahre völlig ungerecht. Fakt ist, dass Russland heute für die westlichen Staaten, für die Partnerstaaten im Rahmen der G20 das geringste Problem darstellt. Russland hat schwerwiegende Strukturprobleme, Erziehung, Gesundheitswesen, Agrarwirtschaft, man kann alles Mögliche nennen, auch das Rechtswesen nicht zuletzt. Aber das sind Probleme, die nach meiner Einschätzung, ihre volle und dramatische Auswirkung erst in 10–15 Jahren haben werden. Hier im Hintergrund auch die demographische Katastrophe, die besteht. Und in den dadurch bedingten Veränderungen in Russland selbst das Kräfteverhältnis zwischen Muslimen einerseits und den Slaven andererseits. Aber heute haben wir es mit einem Staat zu tun, der eher in der Lage sein könnte, zu dramatischen Problemen auch in Europa einen **positiven Beitrag** zu leisten. Und wir haben hier, das ist der zweite Grund für das dramatisch gesunkene Interesse, eine enorme Veränderung hier in der **Europäischen Union** und eine sehr schwerwiegende auf hohem Niveau. So schwerwiegende Probleme, dass wir nicht nur ein Zerbrechen der Eurozone, sondern auch der europäischen Union zu verhindern haben. Ich bin dabei auch nicht so optimistisch nebenbei gesagt, aber das ist auch wieder meine persönliche Einschätzung. Wir haben auch einen dritten Grund warum Russland und meinetwegen auch die Ukraine, Kaukasus, mehr oder weniger Mittelasien nicht mehr interessant sind. Und das ist natürlich die sogenannte **Arabellion**, der Umbruch im vorderen Orient und Nordafrika. Das spielt sich vor der Haustür Europas ab, das ist die Südschiene, das ist die ganze Mittelmeerkooperation, über die viele Jahre gesprochen worden ist. Das ist so schwerwiegend, auch die Auswirkung auf die Türkei, die wir jetzt schon am Rand beobachten können, dass wir auch hier sehr viel zu tun haben. Damit wir die dramatischen Auswirkungen, die sich am Horizont abzeichnen, ich sage nur Irankrieg, verhindern können. Man kann nur hoffen, dass die Tassen im Schrank bleiben und dass die Vernunft hier Oberhand behält. Von daher sind die Probleme, mit denen EU-Europa und Deutschland speziell zu kämpfen haben, beträchtlich. Und alle gucken auf **Deutschland,** weil es wirtschaftlich noch das stabilste Land ist, mit besonderen Augen und erwarten dementsprechende Beiträge und die Übernahme einer großen Verantwortung. Wir werden völlig **überfordert.** Wenn wir uns jetzt auch noch mit Russland beschäftigen würden, dafür sind die Probleme im deutsch-russischen Verhältnis, weil sie auch immer im

Prisma der europäischen Politik mit Blick auf die Russland gesehen werden, als Stichwort nur Visumsfreiheit, zu groß. Was ich ganz schlimm finde und das zeigt die Professionalität der Bundesrepublik Deutschland, dass sich die **außenpolitische Kompetenz**, nicht nur bezogen auf Russland, sondern generell, in den politischen Institutionen angefangen beim Bundestag und aufgehört bei den politischen Parteien, ausdünnt und fast gar nicht mehr vorhanden ist. Das ist ein so dramatischer Vorgang in wenigen Jahren, da muss man sich ernsthaft Sorgen machen, denn der Vorgang der **Provinzialisierung Deutschlands**, lässt sich in gar keiner Weise in Kongruenz bringen mit diesen gigantischen Erwartungen und Hoffnungen, die man auf Deutschland weltweit setzt.

Christian Schaich, Deutsche Forschungsgemeinschaft:

Slavistik-Lehrstühle werden nicht mehr nachbesetzt. Sie werden zu landesweiten Zentren zusammengeschlossen, sei es in Gießen, sei es in anderen Städten. Es gibt weniger Studenten der Osteuropäischen Geschichte, Lehrstühle im Ostrecht werden nicht nachbesetzt, das sehe ich, das ist kritisch zu beurteilen. Man könnte aber auch sagen, das ist eine Folge der Annäherung ist, eine **Normalisierung** des Verhältnisses. Dass es heutzutage nicht mehr unbedingt nötig ist, osteuropäische Geschichte studiert zu haben, um Russland zu verstehen; wenn man das denn jemals kann. Dass man heute auch bei allen Visumsbarrieren, die bestehen, auch problemlos nach Russland reisen kann und dass 2/3 der russischen Jugend ihre Ferien wahrscheinlich in West- und Südeuropa verbringt, dass also der Austausch wesentlich stärker, wesentlich intensiver ist, dass man zumindest in den großen Zentren in der gebildeten Mittelschicht mit Englisch zurechtkommt, all diese Punkte würde ich berücksichtigen wollen und dann kann man das alles auch mit einem positiven Auge sehen.

Alexander Rahr, Wintershall:

Ja, das ist wahrscheinlich der Frust desjenigen, der sich noch in einer anderen Welt befand, in der man sich große Hoffnungen gemacht hat, Strukturen aufgebaut hat und die nicht genutzt werden. Vielleicht ist das in der Tat der Grund.

Wolfgang Clement, Bundesminister und Ministerpräsident a.D.:

Also, ich kann die Beschreibung ganz gut nachvollziehen. Dennoch wage ich zu sagen, in meinem Alter hat man schon so viele Höhen und Tiefen erlebt, Frust auf der einen Seite und Begeisterung auf der anderen Seite, und zur

Zeit sind wir ja offensichtlich in einer eher betrüblichen Situation. Was sind die Gründe? Da sind einmal die Kräfte, die die europäischen Staaten zurzeit in die Überwindung der europäischen Krisen investieren. Das absolviert viel politisches Interesse und auch viele Kräfte. Und einmal abgesehen davon haben wir in Europa, in Deutschland auch, eine ziemliche Anhäufung von Politikern, die sich aus dem **kalten Krieg** noch nicht oder nicht wirklich gelöst haben. Und zuletzt liefert Russland natürlich auch viele **Vorlagen**, um frustriert zu sein. Diejenigen, die sich damit lange beschäftigen, wissen ja auch, worüber sie reden.

Dennoch komme ich zu einer anderen Schlussfolgerung, was ich eingangs versucht habe anzudeuten, insbesondere bei der sich abzeichnenden Entwicklung in der Energiepolitik. Um nur dies zu nennen: Das **amerikanische Interesse** entwickelt sich von Europa weg. Europa kommt infolgedessen sicherheitspolitisch in eine ganz andere Lage als wir heute sind. Das heißt, wir werden uns sehr viel mehr auf unsere Kräfte zu besinnen zu haben, das sind wir nicht gewohnt. Und das haben wir auch nicht vorbereitet. Deshalb stellt sich die Frage, wo Europa in der Welt, wie ich sie vor Augen habe, bleibt. Und da ist bisher nirgends eine überzeugende Antwort zu hören. Die Frage ist, mit anderen Worten, ob Europa in der **Welt von morgen** noch eine Rolle spielen will, ja oder nein. Wenn es das will, wird Europa sein Kräftefeld erweitern müssen, ich meine: mit Russland wie mit der Türkei. Schon heute sind wichtige Themen, die uns unmittelbar angehen – wie **Syrien**, um jetzt nur dies eine zu nennen – ohne Russland und ohne die Türkei nicht lösbar, und das wird alles noch etwas drängender werden.[33]

Und schließlich: Russland ist ein **wichtiger Markt, uns gegenüber sehr aufgeschlossen.** Und er kann noch wichtiger werden, wenn es wirklich etwas weitergehen sollte in den eurasischen Entwicklungen und den Entwicklungen, die darüber hinausgehen. Wir brauchen eine **Verständigung** mit Russland, auch über die Ukraine, das lässt sich anders nicht lösen. Nicht gegen Russland, sondern mit Russland. Und meine letzte Bemerkung: Das Schöne ist, die Russen **mögen uns**. Es ist zwar befremdlich, wenn man so etwas in politischen Diskussionen hört, aber es ist erstaunlich, dass sie es tun. Und das beginnt bei Putin. Die Russen mögen uns und würden die Beziehungen lieber mit uns als mit anderen stärken und kräftigen. Und wir können uns noch so bemühen, das zu ignorieren oder gar abzulehnen, die Einsicht, dass es Sinn macht, mit Russland zusammen zu arbeiten, dass dies beiderseits

---

[33] Zur russischen Haltung im Syrienkonflikt Krone-Schmalz Warum wir Russland Unrecht tun, Cicero vom 9.2.2012, http://www.cicero.de/weltbuehne/warum-wir-russland-unrecht-tun/48249

auch im Interesse der Menschen ist, wird sich – denke ich – doch durchsetzen.

Alexander Rahr, Wintershall:

Eine tolle, brillante Analyse, dem ist fast nichts hinzuzufügen. Nur eine Frage an Hr. Clement. Glauben Sie, dass die deutsche außenpolitische Klasse, die hochgestellte Klasse, die Entscheidungen trifft, auch so denkt?

Wolfgang Clement, Bundesminister und Ministerpräsident a.D.:

Einige aus der außenpolitischen Klasse, die ich kenne, denken sicher so. Aber es ist ja auch ein bisschen an uns. Um nur diese Kleinigkeit anzusprechen: Wir dürfen solche Veranstaltungen in Zukunft eben nicht mehr abhalten, ohne dass aus jeder wichtigen Partei oder aus dem **Bundestag** jemand dabei ist. Die hätten heute hier mehr gelernt als auf manchen anderen Veranstaltungen.

Ich bin mit Willy **Brandt politisch** groß geworden, ich bin zeitweise mit ihm als sein Sprecher durch die Weltgeschichte gezogen. Alle diese Phasen kenne ich, die mit großer Begeisterung im Wandel des Verhältnisses zu Russland, aber auch die Enttäuschungen. Daran gemessen sind wir Heutigen kleinmütige Leute, das stimmt schon. Das waren Giganten im Vergleich mit den Heutigen. Aber die hatten auch mit ganz anderen Herausforderungen zu tun, die damalige Situation rund um die Ostverträge war eine ganz andere als die jetzige. Aber das ändert nichts daran, dass wir heute in der **Welt von morgen** unsere europäische Rolle finden und spielen müssen, und dazu ist meines Erachtens eine Partnerschaft mit Russland wichtig und richtig. Man muss sich doch nur anschauen, wie wir heute als Europäische Union mit einer Power von **fast 500 Millionen Menschen** als stärkste Wirtschaftsregion der Welt wahrgenommen werden. Weder Präsident Putin noch Präsident Obama sehen die EU als ihren Gesprächspartner. Die fragen immer noch nach der einen Telefonnummer in Brüssel. Und deshalb machen wir uns nichts vor, viele Probleme liegen bei uns, und wir müssen mit den Änderungen bei uns selbst anfangen – dürfen deshalb aber auch nicht nachlassen, darauf zu drängen.

3.3 Beratungen auf staatlicher und auf Unternehmensebene

Das deutsche Justizministerium berät zurzeit bei der Überarbeitung des russischen Sachenrechts. In welchen Bereichen der Wirtschaft und des Wirtschaftsrechts besteht Beratungsbedarf?

Andreas Knaul, Rödl & Partner:

Die Fragen nach Beratern und Beratenen kann man meiner Meinung nach mit einem Wort aufgreifen: der Markt. Der **Markt** entscheidet, ob Beratung benötigt wird. Der Markt entscheidet letztlich auch, ob politische Beratung benötigt wird. Politische Beratung um ein Beispiel zu geben. Ich war einige Zeit in der Ukraine mit politischer Beratung beschäftigt - im weiteren Sinne. Da läuft ein EU-gefördertes Projekt über 3-5 Millionen Euro. Da wird das modernste Vergaberecht der Welt geschaffen, da werden Experten zusammengesetzt, Leute die in vielen Ländern schon zum öffentlichen Vergaberecht beraten haben. Die werden in der Ukraine für 3-4 Jahre, solange das Projekt dauert mit europäischen Steuergeldern, das modernste Vergaberecht der Welt schaffen. Zu welchem Berufe? Glaubt jemand der hier sitzt und der die Ukraine kennt, dass sich an der Praxis dadurch etwas ändern wird? Es ist Beratung, gesponsert vom europäischen Steuerzahler. Bei der Beratung, die ich erbringe, entscheidet der Mandant, ob es sich gelohnt hat. Wenn es sich nicht gelohnt hat, geht er wieder weg. Der Mandant ist mein Markt und da entscheidet Angebot und Nachfrage. Genauso ist es mit der Inflation der Konferenzen. Wenn ich auf diese Konferenz nicht gehen will, dann gehe ich eben nicht. Wenn ich genug habe, dann reicht es. Da entscheide ich doch als Verbraucher, wir sind doch alle freiwillig hier. Wir sind der Meinung diese Konferenz lohnt sich, also sind wir da **Angebot und Nachfrage**. Letztendlich auch bei den Studenten. Ich verstehe, Sie wollen möglichst viele Studenten haben. Ich sage mal, machen Sie ein tolles Angebot und die Studenten kommen zu Ihnen. Heilbronn hat eine Hochschule und was wird da angeboten, ein Programm Osteuropawirtschaft. Und da sitzen Leute, insbesondere BWLer oder Informatiker, und die studieren ihre Spezial-Richtung mit dem Schwerpunkt auf Osteuropa. Warum macht die Hochschule das? Weil sie da einen Bedarf gespürt hat. Die haben sich auf den Markt begeben und wenn dann die Studenten aus Hamburg oder Berlin weglaufen nach Heilbronn, na umso besser. Das Interesse an Russland und darüber hinaus ist doch **riesengroß**. Jeden Tag ist was in Spiegel-Online. Wenn man sagt ‚ich komme aus Russland', kommt sofort ‚erzähl mal, Russland ist doch hochinteressant'. Also ich sehe da nicht das Desinteresse, sondern vielmehr ein riesengroßes Interesse und Hr. Clement hat ja diesen Bedarf am Interesse dargelegt und ich finde da sind wir als Deutsche auch super aufgestellt. Wir sind in Russland gut aufgestellt, wir sind da beliebt und wir haben vor allem auch die Ressourcen. Und wir haben die Leute, die aus Russland wieder herkommen oder nach Russland wieder gehen, und die stellen eine Verbindung her, das hat kein anderes Land. Also ich bin der Ansicht, wir sind da ganz prima aufgestellt, aber die strategischen Fragen, das sind natürlich ganz andere.

Rainer Wedde, Hochschule Wiesbaden:

Also ich bin in die Bundeswehr eingetreten, um uns gegen die Sowjetunion zu verteidigen, und aus der gesamtdeutschen Armee entlassen worden. Vielleicht erklärt das auch einen gewissen Realismus. Ich habe den Verdacht, dass wir möglicherweise auch deswegen von Russland enttäuscht sind, weil wir viel zu hohe **Erwartungen** hatten von 1985 bis 1990. Wir haben gedacht, jetzt werden die alle in 10 Jahren so wie wir und dann ist alles ganz toll. Und das waren wahrscheinlich unrealistische Erwartungen und deswegen mussten die auch enttäuscht werden. Und vielleicht haben einige mittelosteuropäische Länder es gerade so geschafft, die Erwartungen zu erfüllen, als sie in die EU gekommen sind. Mit Russland und der Ukraine hat das eben nicht so funktioniert. Deswegen möchte ich als Gedanken mal einwerfen, vielleicht ist das, was wir gerade haben, eine Normalisierung insoweit, dass wir eine Verlagerung haben von der staatlich initiierten und geförderten Beschäftigung mit der Sowjetunion, hin zu einer **von der Praxis initiierten** und bezahlten. Denn es gibt, das ist mein Eindruck, heute viel mehr Russlandberater. Das sind aber nicht Leute, die an der Hochschule sitzen und sich mit dem Fernglas mit den Atomstreitereien in Sibirien beschäftigen, sondern das sind eben die Anwälte, die in Moskau sitzen und sich mit dem Investment deutscher Unternehmen beschäftigen. Davon gibt es, glaube ich, heute mehr, als es damals Sowjetexperten gab. Und das ist ja auch **Normalisierung**, wenn wir sagen, es gibt weniger Lehrstühle für Ostrecht, denn ich frage mich, wie viele gibt es wohl für Westrecht. Also das war vielleicht auch eine besondere Situation, geschuldet der Tatsache, dass eben wirtschaftliche Beziehungen zu der Sowjetunion, wenn überhaupt nur in ganz speziellen Formen geben konnte. Wir haben, wenn meine Zahlen stimmen, mehrere 10.000 Deutsche, die in Moskau leben. Dann ist doch da ein enger Austausch, wenn man sich anschaut die deutsch-russischen Jugendorganisationen. Es sind einfach Strukturen aufgetreten, die eigentlich ganz normal sind. Vielleicht ist es auch aus deutscher Sicht sinnvoll, sich mit anderen Regionen zu beschäftigen. Wir sprachen auch heute schon von **Demographie**. Man muss kein Experte sein um zu wissen, dass die Regionen, die viele Kinder haben, vielleicht in 20 Jahren wichtiger sind, als die, die dann keine Kinder haben. Vielleicht ist es nicht schlecht, wenn wir uns auch mit Brasilien beschäftigen oder der arabischen Welt.

Ich glaube allerdings nicht, dass alles nur der Markt regelt. Der Markt regelt die privatwirtschaftlichen Berater und da stimmt es natürlich, dass derjenige, der schlecht berät oder da wo kein Markt ist, der wird das irgendwann bei seinem Honorar merken. Aber es gibt natürlich auch irgendwo eine **staatliche Prioritätensetzung**. Ein Staat, der das überhaupt nicht lenken würde, würde sich wahrscheinlich unklug verhalten. Und da können wir glaube ich schon aus diesem Kreise heraus die Frage stellen, was halten wir denn, die sich mit Russland auskennen, für sinnvoll, wo der Staat Prioritäten setzen sollte? Jetzt will ich mir nicht anmaßen zu Lehrstühlen von osteuropäischen Recht etwas sagen zu wollen, aber ich glaube schon, dass die Bundesrepublik Deutschland, die Gründe sind ja alle schon genannt worden, gut daran täte, ein bestimmtes Reservoir an Osteuropa Know-how, das muss sich gar nicht auf Russland beschränken, vorzuhalten. Und das kann nur der Staat vorhalten, denn der Markt macht das nicht. Der Markt sagt, wenn er es braucht, dann sollen die Leute herkommen, aber das weiß er nicht 10 Jahre vorher, damit die ausgebildet werden. Also das muss im Grunde genommen der Staat erledigen, staatliche Strukturen, Stiftungen, was man da auch tun kann. Und da sollte man sich schon einmal Gedanken machen, was für Prioritäten man da setzen will. Da sind natürlich Auswirkungen der Vergangenheit zu berücksichtigen. Man hat in der Sowjetunion auf bestimmte Dinge Wertgelegt, man hat sich sehr intensiv mit der Militärtechnologie beschäftigt, das ist wahrscheinlich heute nicht mehr das, womit wir uns die nächsten 10 Jahren beschäftigen sollten. Eher mit anderen Dingen wie zum Beispiel Energiethemen. Aber da könnten wir, denke ich, schon sagen, was wir meinen, was da wichtig ist. Denn möglicherweise liegt das politische Desinteresse an einem mangelnden Know-how. Da wird häufig einfach zu wenig gewusst über Russland und die ganzen Länder. Und an der Stelle will ich auch noch eines ergänzen. Wir sollten natürlich versuchen, unsere Stimme besser zu Gehör zu bringen. Hier habe ich das Gefühl, dass wir immer noch daran leiden, dass sich in den 90er Jahren infolge der chaotischen Entwicklung in Russland, sich auch bei uns eine **chaotische Struktur** von Institutionen gebildet hat, die sich mit Russland beschäftigen. Weil im Grunde genommen jeder einen Verein zur Unterstützung von Russland gegründet hat. Also haben wir eine Struktur von vielen einzelnen, die alle in der Tat ihre sinnvolle Berechtigung haben, aber die dazu führen, dass wir eine **atomisierte Beratungspraxis** haben. Also auf dem Markt ist es gut, wenn wir viele atomisierte Berater haben, aber in dem Fall ist es vielleicht nicht so gut, wenn man für die staatlichen Strukturen nämlich nicht mit einer Stimme spricht, sondern 25 Ansprechpartner da sind, die dann am Ende gar nicht mehr gehört werden. Da könnte man zum einen, das wäre mein Anliegen, da müsste Beratungskompetenz angeboten werden und wie sollten wir dafür sorgen, dass man nicht mit einer, das wäre dann die alte Sowjetunion, aber nicht mit 20 sondern mit zwei oder drei Stimmen spricht.

Alexander Rahr, Wintershall:

Dazu eine wichtige Anmerkung. Hr. Steininger, Sie haben das beim letzten Gespräch aufgebracht. Als eine Delegation aus Russland hier in Deutschland war. Am Vormittag trafen sie sich mit dem Wirtschaftsminister, der erzählte, dass man in Russland investieren müsse und die Chancen noch nie so gut seien wie jetzt. Und am Nachmittag trafen sie sich mit der Justizministerin, die sagte das **Gegenteil**. In Russland könne man nicht investieren, weil es dort keine Rechtssicherheit gibt. Also hier ist doch bei der Beratung in der Politik noch sehr viel im Argen.

Florian Schneider, DENTONS:

Wir sind eine der größten internationalen Kanzleien in Russland, ich leite das Moskauer Büro und bin also Berater in Moskau. Dabei bin ich noch nicht so lange im Geschäft wie vielleicht andere von Ihnen, erst seit 11 Jahren in Moskau. Am Anfang in Moskau war die Beratung natürlich komplett anders zu der Beratung wie sie heute erforderlich ist. Früher musste man hauptsächlich da sein und hat dann den Auftrag bekommen. Und man musste sich auch nicht groß unterscheiden von den anderen Beratern, weil ja nicht viele da waren. Durch die Krise haben sich der Rechtsmarkt und der Rechtsberatermarkt **komplett geändert**. Und ich muss sagen, ich bin jetzt nicht frustriert. Wir schaffen es und andere Kollegen natürlich auch, die westliche Kompetenz mit nach Russland zu nehmen. Und deswegen sind wir deutschen Berater in Russland immer noch sehr interessant, weil wir nämlich andere Entwicklungen in anderen Ländern, die ähnlich verlaufen sind, auch schon vor Jahren mitgemacht haben. Es ist nicht mehr der paradiesische Markt wie früher, sondern man muss sich jeden Tag neu anstrengen. Deutsche Berater sind hilfreich, allerdings braucht man gute russische Mitarbeiter und auch russische Partner, die man auch gleich behandeln muss. Also die Zeit, wo man nach Russland gehen konnte und sagen konnte, wir sind Ausländer und es läuft alles so, wie wir das sagen, die sind vorbei. Man muss sich **russische Kollegen** ins Boot holen und dann kann man auch erfolgreich russische Geschäfte machen und auch russische Mandanten beraten. Ich würde eher von einer Normalisierung des Beratermarktes in Russland sprechen.

3.4 Politikberatung

Existiert in Deutschland eine Vereinigung, die maßgeblich auf die Russlandpolitik Einfluss nimmt? Ist Politikberatung in diesem Bereich überhaupt sinnvoll?

Alexander Rahr, Wintershall:

Wir haben jetzt die Punkte 1,2 und 4 nach meiner Liste bearbeitet. Interessant wäre noch der Punkt 5. Punkt 5 ist die Politikberatung und da würde uns hier im Präsidium die Frage interessieren, ob es aus Ihrer Sicht eine ganz wichtige Institution gibt, die in dieser Politikberatung vielleicht die Federführung übernehmen sollte. Die eine besondere Autorität hat, auf die Wirtschaft und Politik hören würde.

Andreas Steininger, Hochschule Wismar, Ostinstitut Wismar e.V.:

Also, viele von uns waren letztes Jahr auf dieser Politikberatungsveranstaltung. Wir haben alle in einem großen Konferenzsaal des Auswärtigen Amtes gesessen und am Ende war das Ergebnis nur schwer zu greifen. Und welche Folgeveranstaltung jetzt durchgeführt wird, ist ebenfalls unklar. Ferner ließ man mich heute Morgen wissen, dass das Thema Russland auf ihrer Agenda sicherlich nicht ganz oben steht. Insofern muss man ganz klar sagen, die **Politikberatung findet schlicht und einfach nicht statt** zurzeit. Und dann noch eine Bemerkung zu Hr. Knaul. Sicher, der Markt entscheidet das. Nur, wenn ich mir die diese typischen Unternehmertage anschaue, ich war in Bremen, in Hamburg, in Koblenz. Ich glaube in Hamburg waren mehr Berater als zu Beratende, in Koblenz hat sich das so gerade die Waage gehalten, aber die meisten sind nach dem Mittagessen auch schon gegangen. Also, da muss man ganz klar sagen, ja der Markt entscheidet das. Nur ich weiß nicht, wer das noch lange durchhält. Der Markt stimmt nämlich zurzeit mit den Füßen ab, so sehe ich das zumindest. Für mich tut sich ein Bild auf: Politikberatung gleich null, Wirtschaftsberatung in ganz spezifischen Fragen und deswegen halten sich die Kanzleien noch, aber das globale Beratungsbusiness mit dem Wanderzirkus IHK, das denke ich können wir in zwei bis drei Jahren **beerdigen**.

Alexander Rahr, Wintershall:

Existiert in Deutschland eine Vereinigung, die auf die Politik in Russland Einfluss nehmen wird, ist das sinnvoll?

Andreas Steininger, Hochschule Wismar, Ostinstitut Wismar e.V.:

Das war der Ost-Ausschuss der Deutschen Wirtschaft, bis jetzt.

Gerd Lenga, Unternehmensgruppe Knauf in Russland:

Beratung ist natürlich eine Frage des Marktes, wird sie gebraucht oder wird sie nicht gebraucht. Bei der Politik ist es mehr wie beim Krankheitsbewusstsein. Wenn man kein Krankheitsbewusstsein hat, dann können Sie als Arzt mit dem Patienten machen was sie wollen, es wird nichts nützen, weil der Patient sich ja überhaupt nicht krank fühlt. Da muss zuerst das Bedürfnis, das Wissen um eine Krankheit da sein, erst dann können Sie therapieren. So ist es auch in der Politik. Fast alle Politiker, die wir momentan haben, sind **beratungsresistent**, weil ihnen das Bewusstsein fehlt, dass sie der Beratung, eines Rates bedürfen. Dies gilt vor allem für unseren Bereich, deswegen schwadronieren sie auch wie sie wollen. Wenn sie eine Kanzlerin oder einen speziell für Russland Beauftragten mit dem Bewusstsein haben, aus eigener Sozialisation oder kraft Berufung alles zu kennen, was östlich der Oder liegt, und deswegen gar keinen Anlass sehen, sich beraten zu lassen, dann ist es natürlich für jede Institution schwierig, zu versuchen zu beraten. Ob das **Justizministerium** genuin dafür zuständig sein sollte, erscheint mir sehr zweifelhaft. Nach meinem Verständnis sollten die sich um andere Sachen kümmern. Und wenn auch das **Auswärtige Amt** sagt, wir brauchen so ein Institut nicht, dann ist es wirklich schwierig, eine solche Veranstaltung durchzuführen. Das heißt aber nicht, dass man so etwas nicht haben sollte und sei es nur als Reserve oder zur ergänzenden Meinungsbildung. Ich rede deshalb einer Vereinigung das Wort, in der sich echte Kompetenz und nicht politischer Anspruch zusammenfinden, um entweder von Zeit zu Zeit auf Missstände oder auf Chancen hinzuweisen. Oder dass auch im Falle, dass tatsächlich mal einer nachfragen sollte, dann auch Antworten parat sind. Heute sehe ich das nicht. Ich sehe es nicht beim **Ost-Ausschuss**, ich sah es vor allem nicht in den letzten Jahren beim Ost-Ausschuss. Die Verhältnisse, die wir jetzt haben, sind eben dadurch entstanden, dass stark polarisiert worden ist, meines Erachtens etwas zu stark. Machen sie sich doch mal die Mühe und schauen sich die Publikationen der letzten Jahre des Ost-Ausschusses an und schauen Sie dabei, wie viele von den rund 7000 in Russland tätigen und vor allem welche Unternehmen dort Erwähnung finden. Einen Mittelständler im Sinne des Instituts für Mittelstandsforschung mit einem Umsatz von unter 50 Millionen Euro finden Sie dort nicht. Dafür aber jede Menge Erwähnungen illustrer Namen aus der Riege der restlichen 0,3 Prozent aller deutschen Betriebe. Das mag ein Zufall sein, was ich sagen will, ist, dass Siemens oder Wintershall selbstverständlich nicht die deutsche Wirtschaft sind. Sicherlich sind beide außerordentlich wichtige Unternehmen der deutschen Wirtschaft, aber trotzdem sind es knapp 3,6 Millionen kleine und mittelständische Unternehmen, die das sogenannte „Rückgrat" der deutschen Wirtschaft ausmachen. Und die wurden bislang von dieser Institution, zumindest in ihren eigenen Publikationen, nicht so vertreten, wie ich mir das vorstellen würde. Das hat dann auch zu bestimmten Entwicklungen in der deutschen Verbandslandschaft geführt, die man heute zu überwinden versucht. Aber deshalb nur für diesen Ausschuss zu reklamieren, er sei die Stimme der deutschen Wirtschaft, ist doch einigermaßen kühn. Da gibt es doch auch noch ein paar andere, die vielleicht nicht in hehren politischen Kreisen, sondern eher bodenständiger und damit auch nicht so publikumswirksam tätig sind, wo aber dafür durchaus auch ein Austausch stattfindet zwischen kleinen und mittleren Unternehmen. Und die sind nicht nur beim **OMV** oder bei **Wirtschaftsclubs**. Und was Sie da erleben an Austausch von Informationen unter kleinen Unternehmen und Mittelständlern und vor allem betroffenen Personen, die in diesen Ländern arbeiten, da kann ich nur sagen: exzellente Arbeit. Das gibt es und es wäre sehr schön, könnte man das etwas bündeln. Man kann aber nur dann bündeln, wenn man über gewisse persönliche Eitelkeiten hinwegsieht und zu dem Ergebnis kommt, das Interesse an der Sache ist wichtiger, als mich jeden Tag in der Zeitung zu sehen und Artikel zu lesen, wenn möglich noch mit Bild. Wenn man da einmal drüber hinwegkommt, dann kann man, glaube ich, auch zusammen arbeiten und ich denke das jetzt ein guter Zeitpunkt dafür ist.

Rainer Wedde, Hochschule Wiesbaden:

Eine Aussage, die ich des Öfteren in den letzten zwei Jahren gehört habe in der Politikwissenschaft ist ‚Politikwissenschaft ist gleich **Demokratiewissenschaft**'. Aus meiner Sicht ist das aber für die Russlandberatung ein Problem, weil wenn sie in Russland die Politik beraten wollen, müssen sie immer wieder sagen, Russland muss in diese demokratische Richtung gelenkt werden, erzogen werden usw. Wir wissen, dass das nicht einfach ist und manchmal auch unmöglich und manchmal auch vertane Zeit. Aber wie kann man dann die Beratung für die Wirtschaft, für die Politik aufbauen, dass sie dann pragmatischer, konstruktiver im Sinne der **Realpolitik** des Wandels durch Handel durchlaufen würde?

Ute Kochlowski-Kadjaia, OMV:

Ich bin jetzt auch schon ein paar Jahre in Osteuropa unterwegs. Und was mir heute auffällt, ist nicht nur dass eine **Atomisierung** stattgefunden hat, dass sich jeder mit allem beschäftigt, sondern dass man sich einfach nicht mehr zeitgemäß mit den Sachen beschäftigt. Als vor 20 Jahren die Märkte gekommen sind, da sind die Leute das erste Mal nach Russland gefahren auf Unternehmerreise, das erste Mal in die Ukraine. Diese Zeiten sind vorbei. Jetzt geht es darum, wir sind alle schon einmal da gewesen, wir haben alles schon gesehen, wir haben alle schon ein Gefühl dafür gekriegt und es wird immer noch, Entschuldigung wenn ich das sage, in den IHKs, in den Ländervereinen oftmals aus allem so eine **Wald und Wiesen Veranstaltung** gemacht. Und das wird von vielen Institutionen gemacht, das ist nicht mehr zeitgemäß. Man muss tiefer gehen und wenn ich höre, in Russland sind Wahlen. Dass erste was der Ost-Ausschuss sagt, das ist eine ganz tolle Regierung. Ehrlich gesagt brauche ich vom Ost-Ausschuss keine Einschätzung wie die russische Regierung ist. Das ist einfach nicht das Organ was mir sagt, wie die russische Regierung ist. Also das ist ein Wirtschaftsverband und das nehme ich auch für unseren Verband in Anspruch, dass von uns verlangt wird, dass wir uns zu Wirtschaftssachen äußern. Das ist das, was von uns gefordert ist, und nicht, dass sich jeder zu allem äußert. Ich will niemandem damit das Wort verbieten, aber das ist nicht kompetent. Es sollte sich jeder kompetent dazu äußern, wo er auch etwas sagen kann, und wenn jeder in die Tiefe geht und man das dann koordiniert, kommt glaube ich eine ganz andere Qualität zustande. Und diese **Qualität** wird dann auch wieder nachgefragt. Zurzeit wird nicht nachgefragt, weil jeder über alles spricht und man nur sagt, das weiß ich schon und das habe ich schon gehört. Schauen Sie sich die Wirtschaftsdelegationen an. Da macht der Ost-Ausschuss eine Wirtschaftsreise, wir machen eine, Niedersachsen macht eine, Baden Württemberg macht eine, Hamburg macht eine, wer macht keine? Das kann es einfach nicht sein, auch da muss man sich **koordinieren** und miteinander absprechen. Das Bundeswirtschaftsministerium sagt: Alle haben so viele Anforderungen und alle wollen gefördert werden. Könnt ihr euch nicht einmal einigen und wir können uns konzentrieren. Es geht, was die Wirtschaft betrifft, am Ende des Tages darum, dass eine Außenwirtschaftsförderung für die deutsche Wirtschaft auch effektiv ist. Aber wenn die so atomisiert ist, dann ist sie nicht mehr effektiv, dann verliert sich das alles im Sande. Und da sage ich einfach, das ist auch die Anforderung an uns selbst. Jeder der hier sitzt, was tue ich dafür, für eine Vertiefung auf einem Gebiet beizutragen und nicht nur zu sagen, also ich habe mich schon zu allem geäußert. Und natürlich kann ich auch nicht behaupten, wir betreuen im Ost- und Mitteleuropaverein 29 Länder, ich könne zu 29 Ländern gleichwertig was sagen. Man kann aber auch nicht sagen, ich lasse die kleinen Länder weg und konzentriere mich beispielsweise auf Russland, weil gerade der Mittelstand merkt, er sucht nicht immer die Dimensionen von Russland. Und so hat auch ein Markt wie das Baltikum seine Berechtigung. Aber auch das kann man wieder arbeitsteilig machen, da brauchen sich nicht 50 Vereine mit zu beschäftigen, sondern auch da kann man die Kompetenz konzentrieren. Das scheitert meist nicht an inhaltlichen Fragen, sondern an persönlichen Eitelkeiten, das muss man mal so sagen.

N.N.:

Ich denke, es gibt in der Tat sehr viele Verbände und Organisationen, die sich mit Russland beschäftigen. Aber sie können nur wirklich etwas erreichen, wenn sie groß und stark sind. Die deutsche Wirtschaft, die in Russland insgesamt sehr erfolgreich ist, braucht auch diese Unterstützung aus meiner Sicht. Es gibt rechtliche vernünftige Rahmenbedingungen, aber zu diesen rechtlichen Rahmenbedingungen gehört die **politische Unterstützung**. Sie ist insbesondere bei größeren Projekten sehr wichtig und aus meiner Sicht ist der deutsche Staat hier sehr zurückhaltend. Auch im Vergleich zu anderen europäischen und nicht europäischen Ländern. Wenn man sieht wie die Franzosen ihre Unternehmen auf dem russischen Markt politisch unterstützen, wie die Amerikaner unterstützen. Also mir fehlt die Unterstützung von der deutschen Seite, obwohl deutsche Unternehmen enorme Erfolge erzielen. Und diese politische Unterstützung bei Großprojekten wird durch Organisationen wie die IHK oder die europäische Business Association unternommen, aber der Staat muss hier auch was tun.

Gerd Lenga, Unternehmensgruppe Knauf:

Das mag richtig sein, dass Großprojekte politischer Unterstützung bedürfen, aber nur Großprojekte. Diese Leuchtturmprojekte, die seit 15 Jahren diskutiert werden, die können Sie an einer Hand aufzählen, jedenfalls die, die umgesetzt worden sind oder werden. Ich möchte eigentlich eine normale wirtschaftliche Tätigkeit sehen, die ohne politische Unterstützung ausgeübt werden kann. Denn in dem Moment, in dem eine unternehmerische Tätigkeit nur mit politischer Vorbereitung oder Unterstützung erfolgen kann, kommen wir in den Bereich der **Compliance**. Ich möchte das nicht vertiefen, aber wenn eine Wirtschaft sich mit Geschäftsideen nur durchsetzen kann, wenn sie politisch gefördert wird, dann ist irgendwo was faul. Ich käme doch nicht darauf, in Baden-Württemberg den Ministerpräsidenten oder einen Landrat zu fragen, ob ich ein Unternehmen gründen kann oder nicht. Aber wir gehen wie selbstverständlich davon aus, dass irgendein Gouverneur gefragt werden muss, ob man gnädiger Weise in seinem Gebiet investieren darf. Das ist doch nicht normal für eine Wirtschaft. Entweder ist ein Markt da, sind Arbeitskräfte da, sind Ressourcen da, dann mache ich unter Umständen da was. Aber in dem Moment, in dem ich mich abhängig mache von der Politik, kann da nichts mehr draus werden.

Dimitri Vaisband, Bundesverband der deutsch-russischen Unternehmen:

Sobald wir über neue Institutionen nachdenken, ob sie zustande kommen oder nicht, müssen zuerst die Ziele neu definiert werden. Also diese Vielfalt an Institutionen stört nicht, sobald sie an gemeinsamen Zielen arbeiten. Aus meiner Sicht ist das **Ziel,** die Zusammenarbeit zwischen deutschen und russischen Unternehmen zu intensivieren. Und wenn wir das Ziel als Grundlage nehmen, dann ist es auch in Ordnung, dass so viele Konferenzen stattfinden. Aber auf den **Konferenzen** müssen dann Unternehmer mit Unternehmern sprechen. Momentan haben wir auf der Seite der russischen Unternehmen kein Vertrauen in Konferenzen. Deswegen, weil sie sich nicht finden auf den Konferenzen, es gibt keinen Raum und auf der deutschen Seite ebenso. Da müssen neue Instrumente geschaffen werden, dass Unternehmen sich zuerst kennenlernen, dann Punkte der Zusammenarbeit vorab definieren und sich dann auf Konferenzen treffen, um gemeinsame Aktivitäten zu besprechen und zu entwickeln. Aber noch einmal, vorab die Ziele, nicht einfach wir brauchen mehr russische Geschäfte, sondern wir brauchen eine andere Zusammenarbeit und ein anderes Niveau.

Oleg Mosgo, Sirota & Mosgo, Rechtsanwalt:

Jetzt ist viel gesagt worden über viele Vereine, aber Vereine sind wahrscheinlich deutsche Kultur und davon kann man ausgehen, wenn man den einen Verein heute nicht mehr sieht, dann gründet sich da morgen ein neuer Verein. Und die Vereine zu verbinden ist wahrscheinlich auch schwirig und die Information von einer Veranstaltung an alle zu verteilen ist wahrscheinlich auch unmöglich und die Delegationsreisen von allen möglichen Ländern werden immer zur gleichen Zeit stattfinden. Aber das können wir hier in dieser Runde nicht ändern und das ist in Deutschland nun einmal leider so. Und ich bin hier seit 12 Jahren, aber es sind immer wieder Sachen, die mich immer wieder überraschen. Aber genauso wie die Deutschen in Russland damit leben müssen, müssen wir Russen in Deutschland auch mit den Gegebenheiten leben. Aber wir müssen nicht für unsere Runde definieren, was uns von den anderen unterscheidet. Und da möchte ich sagen, diese kleinen, wie Hr. Steininger das genannt hat, **Expertengespräche,** sind wahrscheinlich das, was eine neue Dimension eröffnet. Nicht die Konferenzen wo 400 Leute über alles und gar nichts reden miteinander, sondern auch wie in der Wirtschaft, wir sagen wir müssen **branchenspezifisch** werden. Wir müssen unsere Konferenzen nicht allgemein für alle machen, nichts gegen Rechtsanwälte, aber wo die Rechtsanwälte mit den Beratern und politischen Vertretern über die Welt sprechen. Wir müssen vielleicht unsere Konferenzen branchenspezifisch machen und da haben dann die Unternehmer die Möglichkeit einander kennenzulernen, weil die Unternehmer ja das größte Interesse in einem Fach haben, egal was sie machen. Sie verbindet ein Interesse an einem Produkt und vielleicht müsste man diese Idee auch für Veranstaltungen spezifisch orientieren. Es ist in Deutschland sicherlich anders als in Russland, aber wir wissen alle, dass in Russland vieles nach wie vor mit politischer Unterstützung gemacht wird. Da ist zum Beispiel die strategische Arbeitsgruppe, die funktioniert. Wir müssen dann klüger sein, cleverer sein als andere Konferenzen und die Ideen, die wir hierfür gut befunden haben, über die strategische Arbeitsgruppe wieder zurück ins Leben zu setzen. Und wenn wir sagen was Hr. Steininger auch schon im Laufe des Tages gesagt hat, wir haben einen Versuch unternommen, wir wollten eine Schulung anbieten, wir wollten eine Qualifizierungsmaßnahme anbieten. Nicht eine für alle, bei der es wieder um gar nichts geht, sondern für einen Bereich. Wir setzen das auf die Tagesordnung der strategischen Arbeitsgruppe und lassen das als ein weiteres Aufgabengebiet abarbeiten.

Alexander Rahr, Wintershall:

Das Problem ist ja, dass Sie und Ihr Vorredner etwas ganz anderes wollen. Sie wollen **wirtschaftliche Kontakte** aufbauen und konkret in wirtschaftlichen Geschäften vorankommen. Wir haben unser Thema etwas breiter verstanden, die Wirtschaft muss auch etwas dafür tun, **Politiker zu überzeugen,** dass Russland wichtig ist. Das ist aber auf solchen Konferenzen nicht möglich. Also müssen wir doch wieder etwas Breiteres finden, wieder zu Punkt 6, eine Plattform. Vielleicht ist es ja der Petersburger Dialog, den man zu einem anderen Leben auferstehen lassen könnte. Immerhin verknüpft er diese ganzen Seiten miteinander.

N.N.:

Ich möchte eine Bemerkung zu dem Thema **Politikberatung,** machen und möchte anknüpfen an das Stichwort ‚Nachfrage'. Und hier ganz konkret. Es ist viel diskutiert worden, warum Putin die Verfassung nicht geändert hat, warum ist er abgetreten und ist Medvede an seine Stelle getreten und dann wiederum die Frage, was kommt nach Medvedev. Zugespitzt: Die Kanzlerin und die Bundesregierung haben offenkundig angenommen, dass **Medvedev** möglicherweise eine Chance bekommt auf eine zweite Amtszeit und haben auf ihn gesetzt. Es ist für mich eine interessante Frage, weil ich hierzu einen Aufsatz geschrieben habe, eine lange **Analyse**. Ich glaube es ist der einzige zu der Frage, wer die Kanzlerin in diesem wichtigen Punkt beraten hat. Ein ganz zentraler Punkt zur Einschätzung der aktuellen Entwicklung der Politik, in personeller und politischer Hinsicht. Ich habe meine Analyse an das Auswärtige Amt und meiner Meinung nach auch an die richtige Stelle geschickt, aber auch an andere Stellen. Ich habe **nicht einmal eine Eingangsbestätigung** bekommen und war frustriert, denn ich habe in der Analyse haarklein nachgewiesen, dass es ein abgekartetes Spiel zwischen Medvedev und Putin gewesen ist, dass Medvedev eben den Platzhalter gespielt hat. Es ist nicht so schlimm gekommen wie im deutsch-französischen Verhältnis, wo Frau Merkel wieder alle diplomatischen Gepflogenheiten und Weisheiten sich mit dem französischen Staatspräsidenten im Wahlkampf gezeigt hat und dann ein Problem mit dem jetzigen amtierenden Präsidenten bekommen hat. Aber es hat sicherlich nicht zur Verbesserung des Images der deutschen Politik beigetragen hinsichtlich ihrer Russlandkompetenz. Meine Frage, die sich stellt, wer hat eigentlich hier von Seiten der Bundesregierung die Initiative ergriffen, einfach mal einen Kreis von Leuten zusammenzurufen, die sich auf diesem Gebiet einigermaßen auskennen.

Otto Luchterhandt, Universität Hamburg:

Das passiert seit 10 Jahren nicht, habe ich nicht in Erinnerung. Auch die Stiftung Wissenschaft und Politik ist in der Hinsicht nicht mehr so gefragt wie früher.

Joachim Schramm, Ostinstitut Wismar e.V.:

Ich hoffe, dass das jetzt nicht so profan ist so kurz vor Ende der Veranstaltung. Schlichtweg meine Erfahrung aus der GIZ, für die bin ich ab und an unterwegs in den Ländern. Und da gibt es häufig die Erscheinung, es wird viel über die Länder geredet, aber nicht mit den Vertretern in den Ländern. Deswegen mein Vorschlag für die Zukunft, wäre es nicht eine Möglichkeit jemand aus diesen Ländern zu diesen Veranstaltungen hier einzuladen. Sie haben wunderbare Verbindungen, das wäre vielleicht was, da könnte man die Aufmerksamkeit für solche Veranstaltungen vielleicht verbessern.

Alexander Rahr, Wintershall:

Ja eine sehr gute Idee. Aber ich denke es ist besser, auch erst einmal in einem Kreis ohne Russen zu reden und sie dann dazu einzuladen. Aber es sind ja auch russische Vertreter da. Bloß Sie wissen ja wie das ist, dann ist derjenige der aus Russland kommt der Star, er macht ein Referat, beantwortet Fragen und wir müssen uns ja auch untereinander erst einmal kennenlernen und Einigkeit erzielen. Also Dankeschön für Ihren Vorschlag, und ich glaube, wir sind jetzt am Ende angelangt.

Andreas Steininger, Hochschule Wismar, Ostinstitut Wismar e.V.:

Meine Aufforderung an Sie, wenn Sie jetzt hier rausgehen. Machen Sie sich bitte mal Gedanken, wie wir uns Gehör verschaffen können. Ich habe es versucht in der Politik, im Bundestag, bei den Ministerien, Außenamt, Wirtschaft, die haben mich versetzt. Also ich habe mal in meiner Telefonrechnung nachgeguckt, ich weiß nicht wie viele Telefonate ich geführt habe. Ich habe mir kein Gehör verschaffen können. Machen Sie sich bitte Gedanken darüber, wie wir uns **Gehör verschaffen** können. Hr. Clement sagte eben, ja wir müssen mal Leute aus den Fraktionen hierher bekommen. Ich sehe nicht, dass die kommen. Ich habe Hr. Mißfelder eingeladen, Fr. Pieper hat mir gestern abgesagt, einen Tag vor der Veranstaltung. Da muss man dann irgendwann sagen, gut, das Interesse ist nicht da. Vielleicht haben Sie aus ihrem Kreis eine Idee, wie man sich Gehör verschaffen kann, in der Politik, bei den Journalisten, in der Wirtschaft. Ein Problem, das ich definitiv sehe: Man muss versuchen, diese verschiedenen Kräfte, die es hier gibt in der Bundesrepublik, zu bündeln. Wobei die einzelnen Empfindlichkeiten natürlich sehr groß sind. Aber wie gesagt, nehmen Sie das vielleicht mal mit auf den Weg, wie man sich Gehör verschaffen kann.

Wolfgang Clement, Bundesminister und Ministerpräsident a.D.:

Zum Schluss nur ganz wenige Bemerkungen. Zum ersten: Ich bin überzeugt, die Politik kommt zurück. Als ich in der Politik war, bis 2005, lag es ganz gewiss nicht an mir, aber wir hatten mit der russischen Regierung einen **intensiveren Austausch** als mit irgendeiner anderen europäischen Regierung. Ich habe damals auch an allen Kabinettssitzungen Russland-Deutschland teilgenommen, die waren um Längen konkreter und intensiver als alles, was wir seinerzeit mit Frankreich in den deutsch-französischen Kabinettssitzungen zuwege brachten. Deswegen bin ich da ziemlich gelassen. Wenn es sich als notwendig erweist, wird die Politik auch wieder zurückkommen.

Wichtig ist, dass man für **Kontinuität** sorgt in der Arbeit zwischen Deutschland und Russland und zwischen Russland und Europa. Und dazu, glaube ich, kann ein Institut einen wenn auch bescheidenen Beitrag leisten. Das ist ein Neuanfang, den Sie und Ihre Kollegen mit der Gründung des Ostinstituts gestartet haben, Herr Professor Steininger. Das ist ein sehr vernünftiger Ansatz. Ich glaube nur, dass wir versuchen sollten, uns auf weniger Themen zu konzentrieren und diejenigen einzuladen, die daran Interesse haben. Besonders sollten wir auch unermüdlich die **Fraktionen des Deutschen Bundestages** dazu einladen. Ich denke, dass man die erreichen kann, da sollten wir die Geduld nicht verlieren.

Auch was die öffentliche Wahrnehmung angeht, muss man sich eine gewisse Gelassenheit zueignen, mit der man versucht, seinen Weg zu gehen. Zum einen sind Sie ja dabei, die Kommunikationsformen des Instituts auf die heutige Internet-Zeit ein- und auszurichten Dabei wäre übrigens hilfreich, wenn wir möglichst viele Mitglieder im Förderverein hätten. Und damit wir möglichst viele Mitglieder für den Förderverein gewinnen können, sind wir als erstes auf diejenigen angewiesen, die heute hier sind. Das heißt, wir laden Sie ein, sich uns anzuschließen, wenn Sie das noch nicht getan haben, und wenn Sie noch weitere Interessenten kennen, dann kann das, wenn Sie wollen, für uns hilfreich sein.

Wir haben heute viele Themen angesprochen, manche nur angetippt. Vielleicht hatten wir uns ein bisschen zu viel vorgenommen. Aber es sind eben sehr viele spannende Themen, die sich aufdrängen. Und wenn wir uns bemühen, das Interesse für diese spannenden Themen in Russland wie hier bei uns in Deutschland und vielleicht sogar darüber hinaus in Europa zu wecken, dann gewinnen wir ganz gewiss auch die Menschen, die daran mitwirken wollen.

Wir danken allen, die diese Veranstaltung heute möglich gemacht haben. Ein herzlicher Dank an Sie, die heute an unserem Gespräch mitgewirkt haben. Und ein kräftiger Applaus für Professor Steininger für seine Arbeit hier und heute und an der Spitze unseres Instituts.

IV. Zusammenfassende Ergebnisse:

1. **Das russische politische System:** Obwohl der Amtsantritt Putins mit Kritik und Zweifeln an den Umständen und der Ordnungsmäßigkeit der Wahl verknüpft war, scheint ihn die Mehrheit der Bevölkerung zu unterstützen. Aufgrund dessen könnten jetzt die politischen Hindernisse und Hemmnisse, die sich wegen der Wahl entwickelten, abgebaut werden. Soweit dies bereits erkennbar ist, verfolgt Putin einen an nationalen Interessen und an der Stärkung des Staates ausgerichteten Kurs. Mit den „westlichen" Interessen sind die außenpolitischen Interessen Russlands dabei verschiedentlich kollidiert (Bsp. Syrien, Raketenabwehr). – Die Demonstrationen in Russland sind von einer sich entwickelnden städtischen Mittelschicht getragen. In der Provinz seien vergleichbare Tendenzen nicht erkennbar. Bei der Opposition handele es sich jedoch um heterogene Gruppen ohne verbindendes Ziel – außer dem Kampf gegen Putin und die Regierung. – Die Brisanz der demographischen Entwicklung in ihren Dimensionen werde erst seit Kurzem verstanden.

2. **Die deutsche Russlandpolitik:** In Deutschland fehle es zurzeit an einer aktiven Russlandpolitik, weil viele Kräfte von der Krise der EU absorbiert würden und die politisch Verantwortlichen die Beziehungen zu Russland nicht zu ihrer persönlichen Angelegenheit machten. Insoweit könne von einem Desinteresse der Politik an Russland gesprochen werden. Die dadurch entstandene Lücke werde zunehmend durch die Befürworteter einer Orientierung an Werten und der Diskussion von Menschenrechtsverletzungen besetzt. Dadurch blieben Chancen einer Zusammenarbeit, die sich aus dem Ziel der Modernisierungspartnerschaft ergeben, ungenutzt. Ohne die Notwendigkeit einer Werteorientierung zu bestreiten, wurde in Frage gestellt, sie zum alleinigen Maßstab des Handelns zu machen. Die Vision einer Freihandelszone von Lissabon bis Vladivostok, die vom damaligen EU-Kommissionspräsidenten Prodi ins Spiel gebracht worden war, bleibe in weiter Ferne. Als konkretes Einzelproblem wurde die Notwendigkeit einer Erleichterung des Visaregimes angesprochen.

3. **Russische Deutschlandpolitik:** Die Politik des neuen alten Präsidenten ist gekennzeichnet durch eine stärkere Betonung des nationalen Selbstbewusstseins und eines starken Staates. Jedoch sei eine Abkehr von Europa und eine Hinwendung nach Fernost nicht zu erwarten, da nur Europa als Modernisierungspartner in Betracht komme. Befürwortet wurde der Gedanke einer Sicherheitspartnerschaft mit Russland.

4. **Energiearchitektur:** Russland kommt weiterhin als herausragender Lieferant von Energie nach Deutschland und Europa eine wichtige Rolle zu. Die Rahmenbedingungen sind jedoch dabei sich zu ändern. Hierzu zählen der Energiemix und die Energiewende. Nicht abzuschätzen sind die Auswirkungen technologischer Neuerungen, insbesondere der Nutzung des Shale Gas und des Fracking. Sie könnten die Bedeutung der russischen Energievorräte deutlich herabsetzen. Neue Transportmöglichkeiten mindern daneben die Bedeutung von Pipelines. Die Ziele einer dezentralen Energieversorgung und der Steigerung der Energieeffizienzbestehen umso mehr fort, werden bislang aber nicht mit Nachdruck umgesetzt.

5. **Medienbild:** Das Bild Russlands in der deutschen Presse ist weiterhin gekennzeichnet durch Unterschiede in der Berichterstattung zu wirtschaftlichen Themen einerseits und politischen andererseits. Bei der politischen Berichterstattung fehle es oftmals an der Ausgewogenheit und einer angemessenen Berücksichtigung der historischen Dimension der Entwicklung.

6. **Mittelstand in Russland:** In Russland sei zwar das Aufkommen einer Schicht mit mittlerem Einkommen festzustellen. Diese überwiegend angestellt arbeitenden Mitglieder einer Mittelschicht seien aber zu unterscheiden von einem unternehmerischen Mittelstand. Ein solcher habe sich in Russland bislang außerhalb des Dienstleistungssektors noch nicht entwickelt. Die Wirtschaft ist weiterhin geprägt von großen, überwiegend in Staatseigentum befindlichen Rohstoff- und Energieunternehmen (Staatskorporativen). Zwar habe Putin die Parole vom Aufbau eines Mittelstandes ausgegeben. Gegenüber einem staatlich verordneten Mittelstand sei jedoch Skepsis angebracht. Vielmehr bestehe die technologische Rückständigkeit weiterhin. Eine Modernisierungspartnerschaft zwischen Russland und Deutschland sei ein geeignetes Instrument und ein Beitrag zur Lösung dieses Problems.

7. **Investitionsstandort Russland:** Sowohl die russische Wirtschaft als auch die Handelsbeziehungen mit Deutschland wachsen. Die anstehenden Großveranstaltungen und die steigende Rolle des E-Commerce werden diese Entwicklung zusätzlich beflügeln. Dabei weist Russland eine geringe Staatsverschuldung auf und hält zudem einen beträchtlichen Anteil der Euro-Devisenreserven. Der Betritt zur WTO im August werde einen Modernisierungsschub bringen. Probleme bestehen im Hinblick

auf die Vereinbarkeit der WTO-Regeln mit den Freihandelszonen mit Weißrussland und Kasachstan (Eurasische Union).

8. **Wirtschaftsrecht und Rechtssicherheit:** Auf dem Gebiet des Wirtschaftsrechts können bedeutende Fortschritte festgestellt werden. In dieser Hinsicht sei die Qualität der Gesetze und auch der Gerichtsurteile gut. Auch der gerichtliche Schutz gegenüber den Steuerbehörden funktioniert. Probleme bestünden jedoch fort bei der Frage der Korruption und der Rolle der Staatsanwaltschaft. Positiv zu verzeichnen sei die Ernennung des Ombudsmannes für Unternehmer, Titov. Denn kleine Unternehmen genössen derzeit noch immer einen nur unzureichenden Schutz vor Übergriffen. Zudem sei festzustellen, dass es Akteure gebe, die Anwendung des russischen Rechts unter Hinweis auf Beschränkungen der Vertragsfreiheit ausschließen soweit es ihnen möglich ist. Beklagt wurde weiter das allgemeine Fehlen eines Unrechtsbewusstseins. Die mit der Novelle des ZGB erwarteten Veränderungen wurden positiv bewertet, insbesondere die Einführung des Schutzes des guten Glaubens. Als konkretes Problem wurde die Regelung zur Übertragung von GmbH-Anteilen genannt.

9. **Beratung:** Hierzu wurde festgestellt, dass Politikberatung zu Russland trotz eines Informationsbedarfes derzeit nicht nachgefragt wird.

10. **Osteuropaforschung:** Die Osteuropaforschung sei in besonderem Maße von den allgemeinen Kürzungen im universitären Bereich betroffen, da sie nach dem Zusammenbruch der Systeme ihren angestammten Forschungsgegenstand verloren habe. Diskutiert wurde daher die Eingliederung der Ostwissenschaften in die allgemeinen Disziplinen der Rechtsvergleichung und der Regionalwissenschaften. Alternativ kommt aber daneben eine stärkere Ausrichtung an den speziellen Fragen der Systemtransformation, Staatenbildung und den Bedingungen der Entstehung eines Rechtsstaates in Betracht.

Anhang I: Liste der Diskussionsteilnehmer

Thema: „Deutschland, Russland und Europa – zwischen allen Stühlen?"

Nr.	Name/Kontakt	Institution/ Unternehmen
1.	Herr Manfred Bruer manfred.bruer@bruerconsulting.com	Bruer Consulting
2.	Herr Wolfgang Clement office@wolfgang-clement.de	Bundesminister a.D., Ministerpräsident a.D., selbständiger Berater, Bonn
3.	Herr Andreas Dippe andreas.dippe@derra-b.de	Derra, Meyer & Partner Rechtsanwälte, Leipzig
4.	Herr Michael Hackethal michael.hackethal@mg.gov.pl	Bundeswirtschaftsministerium
5.	Herr Jörg Kirsch joerg.kirsch@bmwi.bund.de	Bundeswirtschaftsministerium
6.	Herr Dr. Matthias Klein kleinm@finow.de	FINOW Rohrsysteme GmbH, Eberswalde
7.	Herr Alexander Klochkov alexander.klochkov@dlapiper.com	DLA Piper Rechtsanwälte, Moskau
8.	Herr Dr. Andreas Knaul andreas.knaul@roedl.pro	Rödl & Partner, Rechtsanwälte, Moskau
9.	Frau Ute Kochlowski-Kadjaja info@o-m-v.org	Ost- und Mitteleuropaverband, Hamburg
10.	Herr Dr. Gerd Lenga Lenga.Gerd@knauf.ru	Unternehmensgruppe Knauf, Moskau
11.	Prof. Dr. Otto Luchterhandt ottolucht@arcor.de	Universität Hamburg
12.	Frau Elena Malieva malieva@invest-in-mv.de	Investitionsförderung Mecklenburg-Vorpommern, Schwerin
13.	Herr Andreas Metz A.Metz@bdi.eu	Ost- Ausschuss der Deutschen Wirtschaft, Berlin

14.	Herr Oleg Mosgo info@sirotamosgo.ru	Sirota & Mosgo, Rechtsanwalt, Moskau
15.	Herr Friedhelm Ost friedhelm.ost@t-online.de	Staatssekretär a.D., Journalist und Publizist
16.	Herr Alexander Rahr alexander.rahr@wintershall.com	Wintershall, Kassel
17.	Herr Christian Schaich christian.schaich@dfg.de	Deutsche Forschungsgemeinschaft, Berlin
18.	Herr Dr. Frank Schauff frank.schauff@aebrus.ru	Verband der Europäischen Wirtschaft in Russland, Moskau
19.	Herr Florian Schneider fschneider@salans.com	DENTONS, Moskau
20.	Herr Ulf Schneider SchneiderU@russia-consulting.eu	Russia Consulting, AHK-Moskau
21.	Herr Dr. Joachim Schramm joachim.schramm@ostinstitut.de	Ostinstitut Wismar e.V.
22.	Herr Prof. Dr. Andreas Steininger andreas.steininger@ostinstitut.de	Hochschule Wismar, Ostinstitut Wismar e.V.
23.	Herr DimitijVaisband vaisband@bdru.de	Bundesverband deutsch-russischer Unternehmer, Berlin
24.	Herr Prof. Dr. Rainer Wedde rainer.wedde@hs.rm.de	Hochschule Wiesbaden
25.	Herr Detlef Wessling detlef.wessling@eon-ruhrgas.com	e.on Ruhrgas, Essen
26.	Herr Christian Wipperfürth cwipperfuerth@email.de	Publizist, Berlin
27.	Herr Dr. Christian von Wistinghausen Christian.Wistinghausen@bblaw.com	Beiten Burkhardt Rechtsanwälte, Berlin

Anhang II: Fragenkatalog

I. **Abschnitt (10.00 Uhr – 11.30 Uhr): Politik – zwischen Autokratie, Energie und der Suche nach Konzepten?**

1. **Das russische politische System:** Bedeutet Putins Wahl Stabilität oder Stagnation? Wie wird sich dies wirtschaftlich auswirken?

2. **Sicherheit:** Welchen Schaden hat die Diskussion über den Raketenabwehrschirm bereits angerichtet? Ist dieser wirtschaftlich spürbar?

3. **Deutsche Russlandpolitik:** Warum spielt Russland in der deutschen Politik zurzeit kaum eine Rolle? Welcher Politiker „steht" für die Beziehung zu Russland? Was bringt die deutsch-russische Modernisierungspartnerschaft? Warum blockiert Deutschland in der Visafrage?

4. **Russische Deutschland- und Europapolitik:** Ist die Euro-Krise nicht eine einmalige Chance für Russland, sich in Europa zu engagieren und damit Einfluss zu gewinnen? Deutschland scheint sich aufgrund seiner Sparpolitik in Europa immer mehr zu isolieren. Könnte Russland für Deutschland hier nicht ein starker Partner sein?

5. **Energiearchitektur:** Wird Russland seinen energiepolitischen Einfluss nun mehr auszubauen versuchen, um auch auf weltpolitische Fragen Einfluss zu nehmen? Kann man in den nächsten Jahren eine „Energiearchitektur" aufbauen, die Sicherheit bei der Versorgung verspricht?

6. **Medienbild:** Hat sich das mediale Ansehen Russlands im letzten Jahr verändert? Ist in Zeiten der Euro-Krise das „Russia-Bashing" vorüber?

II. **Abschnitt (12.00 Uhr – 13.30 Uhr): Wirtschaft und Recht – zwischen Dynamik und Langeweile?**

1. **Mittelstand oder Staatskorporativen:** Bedeuten die Wahlen und insbesondere die Regierung von Putin das „Aus" für jeglichen Mittelstand und wirtschaftliche Dynamik in Russland? Entwickelt sich die russische Wirtschaft hin zu einer Wirtschaft der Staatskorporativen?

2. **Investitionsstandort Russland:** Welche Gründe existieren noch für einen deutschen Mittelständler, in Russland zu investieren und nicht anderswo? Sind Großaufträge mit russischen Unternehmen nur noch mit politischer Unterstützung zu gewinnen?

3. Wandlung des Wirtschaftsrechts: Welche Neuerungen – insbesondere bei ZGB und Gesellschaftsrecht – sind in der nächsten Zeit zu erwarten? Welche Auswirkungen hat hier der Beitritt zur WTO?

4. Rechtssicherheit: Ist die Rechtssicherheit überhaupt noch ein so großes Problem, wie in westlichen Medien propagiert? Könnte man in absehbarer Zeit ein Abkommen über die gegenseitige Anerkennung und Vollstreckung Urteile staatlicher Gerichte befürworten? Ist mit der Einführung einer Verwaltungsgerichtsbarkeit zurechnen?

5. Energiekooperation: Lassen sich Gründe erkennen, weshalb der Deal zwischen Gazprom und RWE scheiterte? Welche Vertragsstruktur wäre künftig zu empfehlen?

6. Erneuerbare Energien: Spielen erneuerbare Energien in Russland überhaupt eine Rolle?

III. Abschnitt (14.30 Uhr – 16.00 Uhr): Berater und Beratene – zwischen Existenzlegitimation und Strategiesuche?

1. Beratung auf staatlicher Ebene: Das deutsche Justizministerium berät zurzeit beider Überarbeitung des russischen Sachenrechts. In welchen Bereichen der Wirtschaft und des Wirtschaftsrechts besteht Beratungsbedarf?

2. Beratung auf Unternehmensebene: Deutsche Berater in Russland: eine aussterbende Klasse? Benötige man noch Berater für deutsche Unternehmer, die in Russland investieren oder ist dieser Bereich „ausberaten"? Ändert sich hier das Tätigkeitsbild?

3. Inflation der Konferenzen: Eine Russlandkonferenz in Deutschland jagt die andere (Beispiele: IHK, Vereinigungen, Ausschüsse); bringt das noch etwas?

4. Forschung und Ausbildung: Spielt Osteuropa- und Russlandforschung in Deutschland überhaupt noch eine Rolle? Was müsste man ändern, um auch der Praxis gerecht zu werden? Brauchen wir neue Studenten und Forschungseinrichtungen auf diesem Gebiet?

5. Politikberatung: Existiert in Deutschland eine Vereinigung, die maßgeblich auf die Russlandpolitik Einfluss nimmt? Ist Politikberatung in diesem Bereich überhaupt sinnvoll?

6. Plattform: Benötigt man eine bisher noch nicht existierende Plattform, bei der sich Vertreter von Politik und Wirtschaft im Hinblick auf Russland austauschen können?

Ostinstitut / Wismar
Wirtschaftspolitische
Gespräche

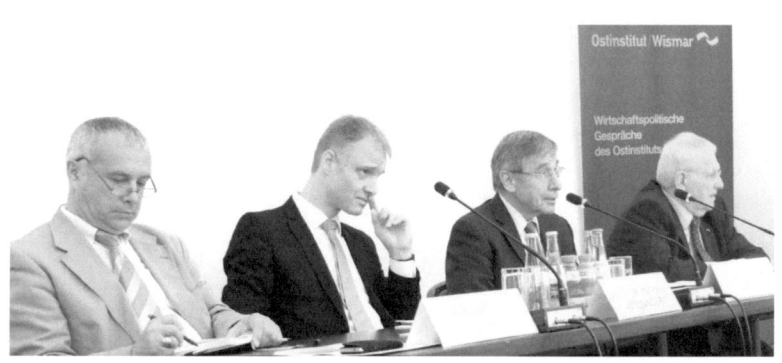

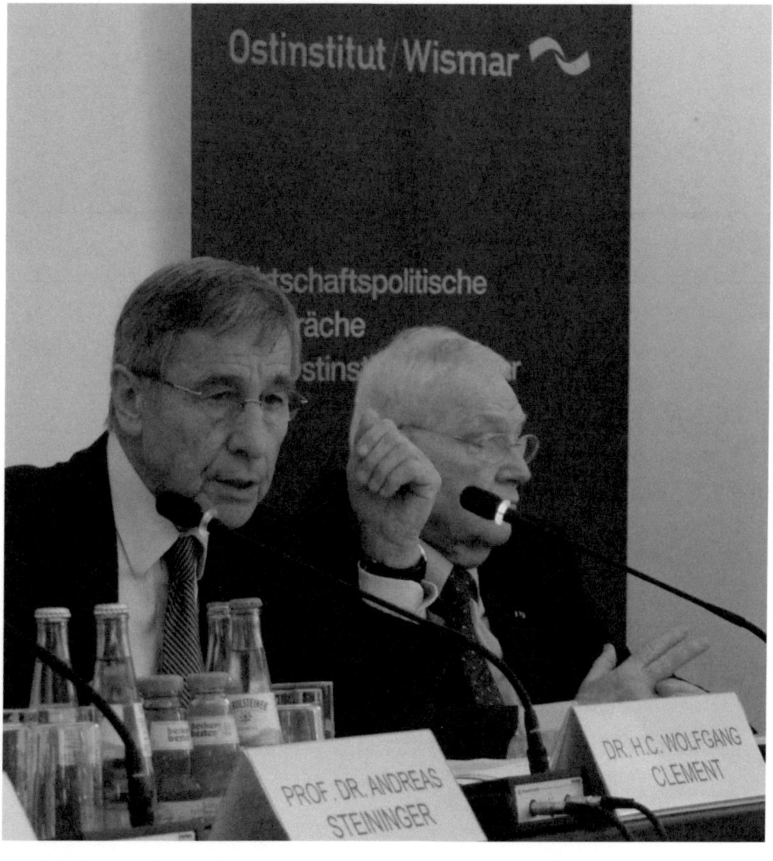
Ostinstitut / Wismar
DR. H.C. WOLFGANG
CLEMENT
PROF. DR. ANDREAS
STEININGER